西南交通大学新时代日常思想政治教育实践研究丛书

教育部人文社会科学研究专项任务项目（高校辅导员）成果（项目批准号：21JDSZ3164）

思想政治教育研究文库

——

观念决定职业
"三观"教育视域下的大学生就业价值观

余 卉 著

光明日报出版社

图书在版编目（CIP）数据

观念决定职业："三观"教育视域下的大学生就业
价值观 / 余卉著 . -- 北京：光明日报出版社，2024.
10. -- ISBN 978 - 7 - 5194 - 8323 - 4

Ⅰ . G647.38

中国国家版本馆 CIP 数据核字第 20248CL267 号

观念决定职业："三观"教育视域下的大学生就业价值观
GUANNIAN JUEDING ZHIYE："SANGUAN" JIAOYU SHIYU XIA DE
DAXUESHENG JIUYE JIAZHIGUAN

著　　者：余　卉

责任编辑：舒　心　　　　　　　责任校对：许黛如

封面设计：中联华文　　　　　　责任印制：曹　净

出版发行：光明日报出版社

地　　址：北京市西城区永安路 106 号，100050

电　　话：010-63169890（咨询），010-63131930（邮购）

传　　真：010-63131930

网　　址：http://book.gmw.cn

E - mail：gmrbcbs@gmw.cn

法律顾问：北京市兰台律师事务所龚柳方律师

印　　刷：三河市华东印刷有限公司

装　　订：三河市华东印刷有限公司

本书如有破损、缺页、装订错误，请与本社联系调换，电话：010-63131930

开　　本：170mm×240mm

字　　数：200 千字　　　　　　印　　张：14.5

版　　次：2025 年 1 月第 1 版　　印　　次：2025 年 1 月第 1 次印刷

书　　号：ISBN 978 - 7 - 5194 - 8323 - 4

定　　价：89.00 元

目　录
CONTENTS

第一章 **01**

| 前　言 |

2020 年 7 月 7 日，习近平总书记在给中国石油大学（北京）克拉玛依校区毕业生回信中高度赞扬了 118 名毕业生毕业后奔赴新疆基层工作的人生选择，并号召广大高校毕业生志存高远、脚踏实地，不畏艰难险阻，勇担时代使命，把个人的理想追求融入党和国家事业之中，为党、为祖国、为人民多做贡献。习近平总书记的回信为广大高校毕业生指明了职业选择的方向，即个人的就业选择应与党和国家事业联系在一起，青年们的就业价值观应将个人利益与党、国家、人民的利益相结合。然而，高校毕业生们好像还是找不到人生方向，一部分在校大学生有"只要薪酬高，去哪都行""只要留在大城市，做什么都行"的想法。已经离开校园的青年们在短期内又不断在不同行业、不同岗位间频繁跳槽，似乎永远找不到合适的那双"职业鞋"。可放眼望去，大量西部地区以及艰苦行业、基层单位和岗位却屡屡出现无人问津的现象。一边是怎么都找不到如意的工作，一边是大量岗位门可罗雀，招不到高学历的人才。二者的矛盾凸显了当前高校毕业生就业观念似乎存在问题，亟待解决。让我们以一位在五年中换了四份工作，后来创业最终关闭企业的毕业生为典型案例，思考当代大学生就业价值观的问题。本书研究对象既有在校大学生，也有 35 岁以下的毕业生。

一、当前大学生就业状况

1999 年，高校迎来第一批扩招后的大学生，此后扩招人数逐年上升。2022 年教育部统计的全国各类高等教育在学总规模 4430 万人，高等教育毛入学率 57.8%①。2003 年是自 1999 年高校扩招后的第一批大学毕业生毕业之年，大学生就业成为学界普遍关注的问题，大学生"就业难"成为热词。然而，随着我国社会主义市场经济的发展和逐渐完善，大学毕业生进入职场后

---

① 《2021 年全国教育事业统计主要结果》，https：//www. gov. cn/xinwen/2022 - 03/01/content_ 5676225. htm.

逐渐出现一些"怪象"：一方面是就业难，常常多个毕业生争抢一个岗位；另一方面"裸辞""闪跳"① 这类词语似乎成为大学毕业生的专属；一方面是公务员等岗位报考火爆，另一方面是西部地区、基层单位无人问津。这些现象的出现表明现在大学生的就业价值观似乎处在迷茫、摇摆的状态，以前"我是革命一块砖，哪里需要哪里搬""干一行，爱一行。爱一行，钻一行"的择业价值取向似乎已经过时。我国每年大学毕业生人数呈逐年上涨趋势，大学毕业生虽已不是天之骄子，但如果有着高学历的这批青年就业状况长期处于不稳定、幸福感不强的状态，则关系到大学生培养质量和无数个体的家庭幸福，进而深刻影响着社会主义市场秩序的合理建立以及社会稳定性。

（一）找工作"迷茫、彷徨"的青年们

凤凰卫视曾在 2014 年做了一组系列名为《彷徨路上——中国大学生就业调查》的纪录片，对当前中国大学生就业情况进行了调查。大学毕业生琪某毕业后在一年半的时间内换了四份工作，从家乡的国企，到婚礼策划，到奶茶店卖奶茶，再到教育培训机构，依然找不到满意的工作。大学毕业生魏某自认为有明确目标和理想，毕业实习结束后来到北京一家做纪录片的公司从事编导工作，因为不熟悉工作和一时受挫，感受到现实与梦想之间的巨大差距，不到半年就辞职了，随后"漂"在北京。在田野调查中，笔者所接触的第一个案例是四川某高校大学毕业生张某，在毕业后五年内换了四份工作后开始创业，最终还是关闭了企业。"闪辞""裸辞""频繁跳槽"的背后是大学生对于职业的迷茫、无目标、价值感低下，等等。纪录片中片名的"彷徨"二字恰如其分地显示出了大学生就业时的状态。

（二）认同梦想奋斗和求职时"躺平"心理之间的矛盾

从小学的思想品德课程到大学的思想政治教育课程，爱国主义、集体主

---

① 此处"裸辞"指的是上一份工作辞职时还未找到新工作；"闪跳"指的是短期（一般指一年）内多次跳槽。

义的教育伴随了每一代青年成长。几乎每一位青年在被问到是否爱国，是否认可集体主义，是否应该有梦想和理想，甚至在集体利益和个人利益发生冲突时是否应该适当牺牲个人利益时的答案都是肯定的。可与之对应的是，现在的大学生毕业时，选择到基层单位、偏远地区、艰苦行业就业的人数却在急剧减少。与 20 世纪六七十年代的大学生毕业时认为的"我是一块砖，祖国哪里需要哪里搬"相比，如今更多的学生选择职业和岗位时看重的是薪酬、地域、是否轻松等。甚至有些大学生在谈论到个人理想和建设国家时流露出一种"羞耻""矫情"的表情，仿佛谈论将国家利益、社会利益与个人利益相结合是一件"丢人的事"。显然，他们没能真正从内心深处认可爱国主义、集体主义，也没能真正明白集体利益与个人利益相统一的深刻含义，认为集体利益与个人利益是冲突的、不可调和的，认为只要为国家、社会奉献就要牺牲自己。

（三）就业观问题的根源是"三观"问题

社会主义市场经济体制造成利益结构和利益关系的调整，从而引起人们观念的深刻变化，以国家、集体为最高甚至唯一利益主体的单一价值观结构被打破。改革开放后，西方价值观念的涌入形成新的价值参照，引起人们价值观念的深刻变化。大学生就业问题的背后是观念的问题，即"三观"问题。一些大学生希望工作轻松，无须多付出。一些大学生认为工作不重要，享乐更重要。另一些大学毕业生在社会中经历反复失败后，逐渐从思想和行为上认可自己的职业应对他人、社会做出一些贡献才会有所成就。那么，大学生就业价值观到底存在哪些问题以及与"三观"关系如何呢？本书试图在"三观"教育视域下探究大学生就业价值观问题根源，并从就业价值观问题回到"三观"教育，反思当下"三观"教育存在的问题，为改进和提升思想政治教育实效提供参考。

二、大学生就业问题的形成

前面提到的四川某高校毕业生张某，2009年毕业于某学校某专业，毕业时签约东北某客车股份有限公司。该公司在当时对张某而言算是一份保障较好、专业对口、具有一定发展前途的工作单位。在毕业时，该生因无意中听到已毕业的上一届签约到该单位的师兄谈到进入单位初期可能岗位分配不太理想，随即打消了前往该单位的念头。张某自认为待人接物不够成熟，故应聘房地产公司做销售，想锻炼一下自己。张某在房地产公司做销售两年后，过年回老家时和表哥谈到工作收入等情况，对比表哥做生意的收入后，随即转行跟随表哥做木材生意。经过努力，很快就摸清了木材生意的门道，与合伙人创业做木地板生产生意。毕业四年就开始创业，颇有走向"人生巅峰"的趋势。

转折在一年后。这一年的冬天，张某的外婆突然病重，在张某家族中与他年龄相仿这一辈的子女中，只有他是自主创业，也就是自由职业。其他的同辈子女大多数都有一份稳定但不太方便请长假的工作，所以照顾外婆的重任自然落在了他的身上。于是他在公司请了长假，回家照顾外婆。在这个过程中，张某在医院陪伴了外婆四个月的时间，每天的生活就是伺候外婆的一日三餐。外婆在医院期间大多是睡觉休息，与他交流也不多。这就让他除了照顾外婆一日三餐之外有了很多空闲时间。也就是在这个空闲时间中，他思索了一下自己的工作生活状况，逐渐发现自己对毕业后的工作生活不太满意。他首先分析了一下目前自己公司的财务状况，通过对自己产品的定位和对其他品牌的对比，他发现自己的工厂其实没有预期得那样赚钱，要做到像"圣象""大自然"那样的木地板大品牌基本不太可能。其次，他看着外婆躺在病床上，突然意识到"死亡"离自己如此之近，第一次开始思考要是自己也有这么一天躺在病床上，回忆起一生来会有什么感觉。这个时候，他发现自己目前的工作既不赚钱，也没有给社会、他人带来什么正向影响。他想起来其实自己小时候是很羡慕那些科学家，觉得他们能够对国家、对社会有所贡献。相比之下自己的工作所产生的社会价值与这些职业有较大差距。于是他第一次开始思考自己到底应该做一份什么样的工作才能"影响到别人，给别人带来一些正能量"。随即张某想到自己认识的一个朋友，在上海一个公益组织工作，日常生活中经常看到她发布朋友圈的信息，都是在为困难的人送福利，关爱弱势群体。这位朋友在言语中也充满了对自己所从事工作的自豪感、价值感和充实感，这让张某十分羡慕。张某再三思索，觉得自己其实真正看重的不是物质财富，而是精神上的满足，这种满足来自工作对于社会和他人的价值。想清楚这一点后，他在外婆出院后，回到公司将股份卖给了合伙人，希望重新定位自己的人生。

显然，从以上案例可以看出，该毕业生初入社会时，较长一段时间都处在追求工作所能带来的物质财富，但始终找不到合适的位置和目标。在照顾外婆的过程中，他有时间观照自己的内心，反思人生，最终意识到自己对于工作的要求不仅仅是财富的积累，更应该是职业带给社会的价值。访谈中，该生在被问到毕业时周围的同学们是否会考虑寻找一份有价值、有意义的工作时，反复说到周围同学对于工作的好坏辨别比较的还是工作的待遇和发展。不仅如此，他认为跟同学们谈起理想、价值有些"矫情"，更少有人在工作中将理想和价值与工作挂钩。整个案例应该说是曲折和复杂的，该生自毕业后花费了很长的时间和很大的代价才找到自己的方向，在这个过程中慢慢形成了正确的就业价值观。这个案例给了笔者很多启示，结合多年学生工作的感受，"三观"可能显著影响学生就业价值观想法逐渐形成。那么大学毕业生走出校门后，就业价值观是不是也如张某一样不断出现问题？在校生是不是谈到就业只对钱、前途有兴趣，谈到理想都觉得"矫情"？这些问题是否又与大学生的"三观"有着直接关系？本书将在"三观"教育视域下使用定性和定量研究相结合的方式考察大学生的就业价值观现状并开展相关论述，探究"三观"教育存在的问题并提出意见和建议。

三、国外相关研究简述

国外相关研究主要集中在价值观教育中，尤其是美国的研究数量最多，研究成果最突出。其他国家，如澳大利亚、新西兰、新加坡、日本、韩国等也有相应研究。但相关研究没有将就业价值观与"三观"教育联系在一起，仅在价值观教育的研究中提到价值观教育对学生择业、成长有较大影响。

（一）价值观教育

美国价值观教育。美国作为世界上最大也是最为发达的超级大国，各类教育都推行价值观教育。美国学者 Lickona（1993）认为美国的"核心价值观"肯定了人类的尊严，提升了个体的"善"以及公共的"善"，维护着整个人类的权益。这种核心价值观在吉布斯（Gibbs）与厄利（Earley）（1994）看来，即为同情心、勇气、善良、公平、诚实、仁慈、忠诚、坚韧、责任和尊敬他人。美国的价值观教育正是由此形成的。从 20 世纪 60 年代开始，美国大力发展价值观教育。美国作为一个资本主义国家，实施核心价值观教育的主要目标是培养能够维护并服务于美国利益的公民，以此来维持和巩固一个统一的美利坚合众国。这一点艾政文、贾仕林等多位学者的文章都有提到。美国的核心价值观教育已经形成一套完善的内容体系，并总结出诸多关键词作为美国公民所必备的基本素质，成为美国公民的核心价值观。美国的主流价值观念包括：以自由平等、民主法治、个人主义为核心的资本主义政治价值观；以爱国主义为核心的民族精神；以创新为核心的时代精神；以节俭勤奋、诚实守信、仁慈博爱为核心的道德观；以多元文化主义为核心的文化价值观等。

教育实施载体。美国核心价值观教育的载体分为显性教育载体和隐性教育载体两个部分；显性教育载体为通识教育课程和专业课程。通识教育是成人教育，而不是成才教育。它教育培养的是人的智慧和见识的通性，包括正确的人生观、价值观、独立人格教育。专业课程则涵盖了各类专业课程，如社会科课程等，让学生学习美国的社会、政治、经济、文化和宗教发展中的重大历史事件，理解那些在美国发展史上发挥重要作用及做出过重要贡献的个人和社会组织，以此让学生加强理解"核心价值观"在这些人或组织中的体现并加以模仿。美国社会虽然推崇所谓的"核心价值观"，但近年来的多元化社会导向使得各方利益诉求和价值有所冲突。不同价值观如何引导学生，课堂教育也就成为不同价值观相互激荡的重要领域［罗纳德（Ronald）1997］。隐性教育载体包括服务学习活动、节日仪式庆典、学生咨询、宗教活动等各类课外活动，旨在实现从思想到行为的超越［安妮科尔比（Anne Colby）2003］。

教育方法。美国大学价值观教育课程的课程实施方法主要有价值灌输法、榜样法、价值澄清法、价值推理法和价值分析法［苏（Suh）1999］。最新的一些授课方法包括哈佛大学通识课程上所使用的择优授课、大小搭配、师生互动、紧密结合、统筹协调、理论指导以及网络等。最新的社会科课程的价值观教育方法包括探究学习教学法、争议问题讨论法、模拟情境教学法以及合作学习教学法。

为我国价值观教育提供的借鉴。张剑（2012）认为，美国价值观教育对拓展我国高校通识教育的培养目标，建立中国特色的通识教育体系有一定借鉴意义。例如显性教育和隐性教育方法的挖掘和深入等。葛春（2013）认为我国价值观教育课程的内容应该更加隐性化和生活化，避免价值观教育流于说教和形式化。同时应该构建相应的校园文化环境和社会环境以及家庭环境，携手共建良好的价值观教育平台，利用网络以及校友资源等进行价值教育，强化价值观教育的效果。

其他国家价值观教育。澳大利亚价值观教育更多强调学生的道德价值观，主要特点是培养学生的多元文化思维，注重学生的本体发展，强调学生与社会的和谐关系。主要的实施方法为课程、校园文化、社团活动。同时将价值观教育内容很好地融入了职业教育。《新南威尔士州公立学校价值观教育》（ *Values Education in NSW PulicSchools* ）中明确提出了中小学教育中必须贯彻的核心价值观主要内容：真诚、卓越、尊重、责任、合作、参与、关爱、公正、民主。新加坡的核心价值观教育主要依靠政府的政治制度保障机制，体现在以政治文件的形式赋予核心价值观教育重要地位和核心价值观与政治制度高度融合两个方面。安德鲁·莱森林（Andrew Leichsenring）（2010）在他的专著中阐述澳大利亚价值观在学校教育中的典型经验，说明其价值观教育的重要性。新西兰的核心价值观教育内容设计与本国国情有机结合，在平等与包容中构建分层有序的多元化教育体系。在授课方式上强调宗教与德育合璧、保守与开放并存，从单纯宗教教育向世俗德育演变过程中，使得宗教和世俗德育课共处。同时，新西兰强调校长和学校的作用，校长认为她应该成为落实基础价值观教育的负责人［戴维恩（David N.）2007］。

总的来说，国外的价值观教育有如下几个特点：以传统文化为基，注重意识形态灌输，贯穿在课程中，通过学校生活进行价值观教育；同时以人为本，注重人文素养的培养和人格品质教育的培育。实施途径包括显性的课堂教育和隐性的实践活动两个部分，宗教和法制在价值观教育中起到了重要作用。政党和政府当然是不可或缺的力量，但是民间组织和社会团体的力量也不可小觑。以上这些研究的研究方法普遍为文献研究法，实证调查研究较少。

（二）就业价值观

以美国为代表的西方国家较早开始研究就业价值观，大部分学者使用的是工作价值观（"Work Values" or "Occupation Values"）。工作价值观是价值观在工作选择上的体现，是人们衡量社会上某种工作的优劣和重要性的内心尺度，是个人对待工作的一种信念，并为其工作选择、实现工作目的提供充分的理由。这一术语最早见于 20 世纪 50 年代。美国心理学家金斯伯格（1956）等假设工作发展包括三个阶段，每一个阶段都有工作价值观：（1）幻想阶段（大约结束于 11 岁），儿童的选择是不切实际的；（2）尝试阶段（11—18 岁），青少年逐渐意识到自己的能力、兴趣、价值观并更加现实地看待自己及工作；（3）现实阶段（18—20 岁），开始从各种工作中根据工作的特点做出具体的工作选择。而后金斯伯格对自己的理论进行了修订，认为工作发展不仅仅局限于青少年，工作选择也并非不可改变。随后霍兰德（1966）提出了工作选择理论，将人的性格特质分为不同的类型，将工作分为不同的类型，倡导性格与工作的适配性。舒伯（1970）在金斯伯格的理论上发展出工作发展理论，认为工作价值观是一种工作目的表达，是个人对于其工作赞同与尊重的渴望。施瓦茨（1999）认为工作价值观是人们通过工作而达到的一种目的或通过工作取得的相应结果和报酬；露丝（1994）认为工作价值观是人们通过某种工作所获得的终极状态或获得某种行为方式的观念。总之，工作价值观发展到今天受到越来越多西方学者的关注，并被倡导为人们一生在工作中追求的获得而非某个特定时期。最新的研究主要集中在职业价值观与工作满意度之间，例如李俊明（Lee Jungmin）、金百胜（Baek Seunghiey）、金泽贤（Jeon Hyeonjeong）、杨惠媛（Chung Hyewon）（2020）认为，大学生初次就业时的职业价值观与其工作满意度有较大关联。李涛（Li Tao）、陶明好（Tao Ming Hao）（2018）认为大学生职业价值观与其职业发展关系密切。还有一些研究认为大学生职业价值观与在校期间开展的实践活动有着密切联系。例如康善圭（Kang Su Gyeong）、金多惠（Kim Da Hye）、金善赫（Kim Sun Hyuk）、卢相镐（Noh Si Hong）、申民毅（Sin Min Gyou）、邓恩熙（Shin Hue In）、尹赫均（Yun Huo Jenog）、李栋旭（Lim Dong Wook）、明中悟（Oh Myung Hwa）（2019）认为，志愿服务开展对于大学生职业价值观培育有着较大作用。池学永（Xueyong Chi）、程舒佳（Shujia Cheng）、王进灵（Jinling Wang）（2018）认为应该重视高校大学生职业价值观培育。还有一部分研究者认为不同性别大学生的职业价值观有着显著差异，等等。例如吉姆拉金（J. M. Lakin）（2016），理查德·西蒙（Richard M. Simon）、阿什利·瓦格纳（Ashley Wagner）、布鲁克·基利昂（Brooke Killion）（2017），理查德·西蒙、凯瑟琳·内（Kathleen Nene）（2018），均认为不同性别大学生的职业价值观有着较大差异。

总而言之，大部分西方学者对于工作价值观的研究更多倾向于已经就业的人群，并将其与教育学、社会学相结合，目的在于指导青少年更好、更充分地就业，较少从思想政治教育层面展开论述。

四、国内相关研究简述

在中国知网 CNKI 展开检索，截至 2024 年 1 月，分别搜索关键词"'三观'教育""世界观教育""人生观教育""价值观教育"，与本研究相关文献 112 篇，相关论文 126 篇。搜索关键词"就业价值观（就业观）"，与本研究相关文献 79 篇，相关论文 96 篇。因论文的关键词为"'三观'教育"以及"就业价值观"，但学界很少直接使用"'三观'教育"一词进行研究，一般使用"世界观教育""人生观教育""价值观教育"，故研究综述将分别从"世界观教育""人生观教育""价值观教育""'三观'教育"以及"就业价值观（就业观）"5 个方面进行文献综述。另外，党和国家领导人对于大学生就业问题高度重视，发布了一系列重要文件和通知。最后一个部分将对改革开放以来关于大学生就业问题的重要文献进行梳理和研究。

（一）世界观教育

世界观教育。我国最早提出世界观教育概念的学者为现代著名教育家、北京大学原校长蔡元培。1912 年 2 月初，蔡元培在就任中华民国临时政府教育总长后发表的《对于新教育之意见》中提出了"五育并举"的思想，"据清季学部忠君、尊孔、尚公、尚实五项宗旨而加以修正，改为军国教育、实利教育、公民道德、世界观、美育五项"。刘东方（2005）认为其中居核心地位的世界观教育则是他的中西融汇文化观的直接显现。世界观的具体内容，蔡元培在《对于教育方针之意见》中对其的理解为："循思想自由、言论自由之公例。不以一流派之哲学、一宗门之教义梏其心，而惟时时悬一无方体、无始终之世界观以为鹄。如是之教育，吾无以名之，名之曰世界观教育。"

马克思主义世界观及世界观教育。思想政治教育中马克思主义世界观教育与蔡元培所提五育之中的世界观教育既有联系又有区别，主要是建立在辩证唯物主义和历史唯物主义观点之上的世界观教育。张雷声（2011）认为马克思主义中辩证唯物主义和历史唯物主义基本原理是在人类社会发展的不同阶段，如资本主义社会、社会主义社会发展实践中形成的基本原理。而第一个部分则是通常意义上所谈的马克思主义世界观，思想政治教育的世界观教育也就是围绕着马克思主义世界观对大学生进行世界观教育。世界观教育总的来说基本上都是围绕意识形态的世界观问题进行描述和探讨。王芬等（2001）认为其重要作用具体表现在认识论功能、方法论功能和价值观功能上。关于世界观教育在整个教育中的重要性阐释已经在多篇文章中有过阐述，这里不一一列举。

大学生世界观教育。部分大学生在世界观上是出了一些问题的。例如，沈红宇（2007）认为大学生对科学世界观缺乏情感认同，不能正确认识个人与社会的关系问题。大学生的世界观虽然主要趋向是唯物的，但是他们中一部分人在思想上还存在着有神论的成分，体现一种形而上学的世界观。现有的世界观教育主要通过思想政治教育的课堂进行灌输，因此有它的问题存在。例如，只重视知识灌输，忽略了实践在世界观教育中的重要作用，不联系现实中的世界观问题；只依赖理性教育，缺少与之配套的非理性因素的培养。在对大学生进行世界观教育的同时，应该着重提高大学生运用马克思主义的立场、观点、方法分析问题、解决问题的能力。张雷声（2011）认为必须做到理论与实际相结合才能提升世界观教育的实效性。曹润生等（2005）认为世界观教育的根基是生活世界，而"实事求是"应该是每一个马克思主义世界观教育者时刻牢记的。冯秀军等（2023）认为我们还必须以习近平新时代中国特色社会主义思想的世界观和方法论为教育的基本指导和遵循，才能更好地引领教育强国建设。

总体而言，世界观教育文献主要是从马克思主义入手分析世界观的作用、意义以及其内在的逻辑和辩证关系，强调世界观教育的重要性。大部分研究认为世界观教育是人生观教育、价值观教育的基础。部分研究认为当前大学生世界观教育存在一些问题并提出解决方案。所有研究的方法均为文献研究，缺乏实证研究。

（二）人生观教育

毛泽东人生价值观。这里的人生观主要指马克思主义人生观，是毛泽东思想中的关于人生观的论述。毛泽东在青年时代就展现了过人的才学，纵观其一生，他的人生观、理想观都值得我们去探究和学习。夏远生（2023）、廖小平等（2010）认为毛泽东的人生观第一个重要方面是：心忧天下、敢为人先的奋斗精神。郭秀莲（2002）认为这种奋斗是为追求理想而奋斗，这是他的一个基本人生态度。廖小平等（2010）认为第二个重要的方面是人生应该立志，这种志向对于当时的他来说就是救国救民，带领人民与旧的制度做斗争，建立新的国家。郑培民（1997）认为爱国主义也是其人生观的主旋律。毛泽东始终保持积极向上、乐观的态度来面对人生中顺境、逆境。可以说，他的人生观是一种奋斗和向上的人生观。毛泽东作为马克思主义的追随者，将马克思主义与中国实际相结合，其人生观的核心是全心全意为人民服务，这一点在多篇文章中都有所提及。

其他著名人物的人生观论述。叶圣陶、冯定以及陈瑛等著名人物在论述人生观的时候都谈及马克思主义的影响。无论是叶圣陶关于做人的教育还是冯定探索人生的论述，指向的都是人生观问题。陈瑛（2002）关注个人与集体、与国家、与民族的关系，人生的意义和价值，个人在生死、得失、荣辱、福祸、理欲、义利、公私等问题上的辩证关系等。

人生观教育。人生观教育是"三观"教育中的重要内容，是以马克思主义人生观为根本的人生价值观教育。李仁可等（1992）认为它要解决的是重利与重义、利己与利他、享乐与奋斗、混日子与干事业的关系问题。在当今社会，青少年如何处理好这四个方面的问题呢？李桂梅（2008）认为应该是义利并重、利益兼顾的，应该是诚信友爱，应该是积极进取、心理和谐的，应该是物质生活与精神生活相平衡的人生观教育。

大学生人生观教育。在对大学生进行的人生观教育实践过程中，应该清楚地看到计划经济转向社会主义市场经济后，当今大学生在面对纷繁复杂的社会，出现了一些问题。例如，李艳飞（2021）、翁丽华等（2012）认为享乐主义、机会主义、实用主义、拜金主义有所抬头，理想信念观念淡化。邱永琼（2013）认为有的大学生不思进取、慵懒放纵、自欺自弃、重享乐轻奋斗、重自己轻他人。这些体现在大学生处理自己与社会的关系、自己与他人的关系之中，表现在升学、求职等多个具体方面。究其原因，李艳飞（2021）认为"内卷"状态、不良网络内容和网络舆论对大学生正确人生观的确立有负面影响。翁丽华等（2012）认为人生观教育的教学内容单调、缺少情感体验。那种一味强调集体主义、忽略个人主义的时代已经过去了。人生观教育如果还是像过去一样单方面无条件地强调"个人利益要服从集体利益"，只能引起青年人的反感。必须改进人生观教育的内容和形式，为人生观教育寻找新的推动力。比如黄海（2013）认为应拓展人性教育，突出生命教育和挫折教育；翁丽华等（2012）认为应该开展公私观教育，把时代精神作为贯穿大学生理想信念教育的主线，继续深入地将为人民服务等纳入大学生的思想政治教育中。有两篇文章谈到应该在大学生就业工作中将就业指导作为人生观教育的新载体。一方面，大学生建立正确人生观的重要性是不言而喻的。长期以来，传统的人生观教育抽象而晦涩，缺乏鲜活的具体事例。大学生的人生观教育收效甚微。王仁伟（2015）认为就业价值观是人生目标和人生态度在职业选择方面的具体表现，也就是一个人对职业的认识和态度以及对职业目标的追求和向往。学校作为学生探索自我就业价值观最为重要的场所，应该将人生观教育融入职业生涯辅导课程和活动中，这也是人生观教育贴近生活、贴近社会、贴近群众的一个最好的渠道。

总体而言，人生观教育是"三观"教育中的重要组成部分，我国相关研究以毛泽东思想中的人生观内容最为丰富。许多著名人物的人生观受到毛泽东的人生观的影响。人生观教育的研究更多体现在文献研究上，实证研究较少。

（三）价值观教育

价值观教育的意义，与世界观、人生观教育的关系。价值观教育是"三观"教育中论述文献最多的一个部分，一方面是因为其在"三观"教育中居于核心位置；另一方面是世界观教育、人生观教育、价值观教育之间密不可分，是既有区别又有联系的辩证关系。罗德荣（1992）认为人生观是世界观的核心，价值观则是人生观的灵魂。

毛泽东思想中的价值观。我党非常重视青年人的价值观教育。关于毛泽东的价值观研究主要体现在青年价值观、人生价值观两个方面，其他还有政府价值观、行政价值观、科技价值观、文化价值观、体育价值观等。青年价值观和人生价值观论述最多的是为人民服务。以人民为主体的社会主义核心价值观，也是我党一贯倡导的价值观教育内容。周若辉（1994）认为毛泽东价值观的核心和基点是人民主体论，为人民服务和为最广大人民群众谋利益是衡量共产党人言论和行动的价值标准和价值取向。徐金超（2011）认为毛泽东的人生价值观主要包括以下四个方面：全心全意为人民服务——人生价值的目标；爱国主义——人生价值的主题；树立远大理想与实事求是相结合——人生价值的精髓；推动社会历史发展——人生价值的标准。在为人民服务的问题上，段元满等（1997）认为其核心是人民至上，为人民服务也是实现自我价值的根本途径。赵蓓（1997）认为更是对自我人生价值进行评价的标准。人生的价值在于对社会的贡献，推动历史前进。刘长林（1995）认为人生价值的评价必须坚持唯物论，把动机和效果统一起来进行全面分析，评价的客观标准应是社会实践及其效果。应该坚持辩证法，把一个人对工作的尽职尽责与他对社会的贡献统一起来评价。归根结底，应该把历史和现实评价结合起来，从人的一生中看人生的价值。

大学生价值观现状及产生原因。在全球化浪潮的冲击下，当今我国大学生价值观与以往有较大的不同。谢耄宜（2023）、艾楚君等（2023）多位学者均已注意到网络等对大学生价值观的负面影响。王秀章（2007）认为当前大学生价值目标多层次化、价值取向多元化、价值评价标准多重化。价值目标多层次化体现在目标的主体极为自我，目标的实现更为强调短、平、快。黄艾华（2003）、张道理等（2010）认为价值取向的多元化表现在更为功利化、讲实惠。评价标准主要表现为关心与冷漠相杂、希望与困惑并存、进取与彷徨相伴、认同与失落交错，等等。其产生的原因，主要有以下观点。李辰亮等（2010）认为是我国计划经济向市场经济转变，经济结构的变化对大学生的人生观产生了深刻影响。黄艾华等（2003）认为全球化带来多元化文化思潮的冲击，尤其是西方文化思想的影响。

大学生价值观教育的问题。胡咚等（2015）认为面对价值观教育的问题、面对大学生价值观层面上出现的功利主义泛化、道德滑坡、理想信念缺失等问题，创新大学生价值观教育的重要性凸显。张苏峰（2010）认为高校价值观教育是思想政治教育的核心，但是长期以来存在教育目标理想化、虚无化，教育内容抽象化、形式化，教育途径单一、技术手段落后等问题。

大学生价值观教育的改进。曾文婕等（2023）、张苏峰（2010）认为仍然要从社会主义核心价值观入手，加强对社会主义核心价值观教育问题的研究。强调理论联系实际，加强价值观实践教育，寻找实践载体，发挥学校、家庭、社会三方面的合力作用，建设价值观教育良好的环境。注重网络价值观教育的引导，发挥教育环境载体的重要作用。肖巍等（2022）认为应该掌握网络阵地的主导权，积极构建绿色互联网生态系统，以应对网络对于价值观教育的冲击。胡咚等（2015）认为科学地把握大学生价值观教育的特点，遵循大学生价值观形成发展的规律，积极引导大学生的需要，提升大学生价值观水平，是增强大学生价值观教育实效性的目的，也是增强价值观教育实效性的基本要求之一。

总的来说，价值观教育是"三观"教育的核心内容，多位学者的研究集中在对大学生价值观现状的探索和形成原因上，对价值观教育本身的问题关注较少。同时，价值观教育研究虽然数量众多，但是采用实证研究法进行研究的较少，仅有个位数的文章涉及实证方法，也并没有使用自行设计的问卷，还有个别研究是引用已有问卷进行的实证调研。

（四）"三观"教育

"三观"教育的意义和作用。我国历代领导人都非常重视"三观"教育，对其意义和作用做了许多阐释。尤其是邓小平、江泽民两位领导人，多篇文章都论述了关于世界观、人生观、价值观的思想。邓小平强调坚持马克思主义世界观，即辩证唯物主义和历史唯物主义；人生观方面重在理想教育；价值观方面认为应该强调发扬艰苦奋斗、无私奉献的精神。以上内容与马克思主义以及毛泽东思想一脉相承，体现了共产党人对待世界、人生态度的一致性。江泽民的青年未来观是党的第三代领导集体对我国青年未来的历史地位和价值做出的新的定位，是大学生世界观、人生观、价值观建设的思想基础。

大学生"三观"教育内容。张励仁（2013）认为大学生"三观"教育分为目标、调控、方法三个系统；裴正轩（2008）认为大学生"三观"教育中价值观教育是"三观"教育的逻辑起点和主线，社会主义核心价值体系是其核心内容和主导方向；丁养东（2006）认为大学生"三观"教育包括人生坐标教育、创新思维教育、自我调控教育、唯物史观教育、利益取舍教育、个性差别教育。随着时代的发展，"三观"教育内容也在发生变化。例如，刘建军（2004）认为理想信念应该是"三观"教育的核心。吴梅兴（2001）认为认真学习领会"三个代表"的精神实质，对于切实加强高校学生世界观、人生观、价值观的教育意义同样重大。黄修卓、唐鹏（2006）认为邓小平的青年观在邓小平整个理论体系中占有重要地位，是大学生世界观、人生观、价值观建设的思想基础。

大学生"三观"受到的影响。主要有新媒体、网络、影视等方面的影响，这些大多数是不利的影响。张莹（2017）认为日本低俗动漫对我国青少年"三观"教育有不利影响。王婧如（2014）认为影视文化对于青少年"三观"教育有消极影响，应重视加强影视文化的积极、正面教育功能。王琪（2013）认为网络舆情给高校"三观"教育带来机遇的同时也带来了挑战。谭伟（2003）认为网络舆论对大学生的"三观"有重要影响。要纠正这些负面影响，不是仅凭家庭和学校就能做到的，这就需要加强整个社会的精神文明建设和哲学社会科学建设。罗国杰（2002）认为哲学、伦理学、教育学、政治学、心理学、社会学等，对帮助人们树立正确的世界观、人生观和价值观有着极其重要的作用。刘宪春、刘春（1999）认为高校精神文明建设影响着大学生世界观的成熟、人生观的有效定位、正确价值观的确立。但一些社会重大事件反而对大学生"三观"有着较为正向的影响，例如杨守建（2021）认为，新冠疫情带来严峻挑战，但00后表现出来的"三观"却很正，也"很主流"。

提升"三观"教育时效的新方法和新途径。石建勋等（2020）认为在专业课程中实施课程思政，在专业素质提升中帮助学生树立正确的"三观"是最为有效的办法。张励仁（2013）认为传统的"三观"教育方法为理论教育方法、革命传统教育方法、典范教育方法。在新的"三观"教育内容和方法途径上，思想政治教育工作者们认为应该去寻找更为贴近大学生思想和行为以及生活的方式。例如，从社会主义核心价值观入手，在人生观方面，重点引导青少年树立为人民服务的人生目的，形成积极健康向上的人生态度，自觉在劳动和奉献中实现人生价值。价值观方面，李辉（2013）认为重点在于引导青少年爱国、敬业、诚信、友善。在大学生择业问题上，方茂田（1998）认为大学生表现出期望值过高、动机不可取、学习受影响、采取以"退"为"进"的策略、助长不正之风等问题。在对大学生的"三观"教育上，尤其是在就业问题上，方茂田（1998）认为最要紧的工作就是要帮助学生在择业中确立科学的世界观、人生观和价值观，让"三观"教育贯穿始终。

总的来说，"三观"教育在思想政治教育领域不是一个陌生的话题，少部分学者已经开始关注如何在大学生就业中树立正确"三观"问题，集中在如何将"三观"教育贯穿大学生就业，做好就业引导。在研究方法上，针对在校大学生就业价值观（就业观、择业观）方面的调查，多数为问卷调查，较少对大学毕业生的直面调查，实证方法较为单一。

（五）就业价值观（就业观）

大学生就业价值观又称就业观。首先，多数研究认为大学生就业价值观大多趋向功利化，社会价值观淡化。例如，李旺（2021）、夏金元（2007）认为大学生择业观念趋向功利化，重薪酬待遇，忽视个人未来发展。梁静（2009）认为大学生就业期望值过高，职业奉献意识淡化。石雪萍（2010）认为大学生就业期望值过高。屈善孝（2011）认为大学生就业期望值过高，择业功利化。刘和忠等（2011）认为大学生就业价值观中功利化倾向比较明显。乔法光等（2013）认为大学生存在急功近利思想、缺乏吃苦耐劳精神。其次，部分研究发现大学生就业价值观表现为追求自我、注重实际价值。例如，郭建锋等（2005）认为大学生就业价值观追求自我实现；实际务实、追求职业带来的直接利益；注重能力发展。曹瑛等（2005）认为大学生推崇的是西方式的个人奋斗和自我的营造，对就业思考的核心，是个人中心论。刘和忠等（2011）认为大学生的就业主体意识逐渐增强，在选择职业、实现就业的过程中，越来越强调追求自我价值与自我发展的实现。

大学生就业价值观存在的问题及原因。部分研究认为主要由于大学生存在自我认知不清的问题。例如，郑华萍等（2009）认为大学生就业观是非理性的，并且受到实用主义价值观极大的影响。石雪萍（2010）认为大学生缺乏正确的自我认知。乔法光等（2013）认为大学生在就业中普遍存在自我认知不清、缺乏正确的自我定位等问题。屈善孝（2011）认为大学生职业定位模糊，道德观念淡化。上述问题的出现除了学生自身原因以外，部分研究认为要归结于高校就业思想政治教育的问题。例如在教育方法陈旧、单一，就业观念引导不够；就业指导工作中没有进行引导，过于关注就业技巧的传授，存在突击现象。例如，黄学萍（2008）认为高校就业指导中的思想政治教育没有因材施教、缺乏针对性。石雪萍（2010）认为就业指导教育只重视实效性，教育内容集中于搜集就业信息、咨询就业政策、组织就业的供需见面会等工作，忽略了对学生进行正确人生观、价值观、就业观的培养，对价值取向的引导及职业道德教育等方面不够重视。涂德祥（2011）认为大学生就业指导中的思想政治教育方法长期较为单一、陈旧，临时突击现象依然存在。祝聪楠（2018）、胡瑞挺（2017）等学者也注意到逐渐兴起的新媒体对于大学生就业观的负面影响。

就业价值观教育改进建议。大部分研究认为大学生就业观受到社会、家庭、学校三个方面的影响，主张从这三个方面进行教育。例如，董世洪等（2022）认为应该充分发挥政府、社会、高校、家庭和学生"五位一体"合力教育功效，以引导大学生树立正确就业观。刘和忠等（2011）建议从政府的有效制度保障、高校的科学教育指导、家庭的正确影响与引导等方面对大学生就业价值观进行引导。有的学者认为应该从中学开始引导就业价值观。例如，黄雅丽（2014）认为应该从中学入手，强化学校就业择业教育的主体功能，等等。也有学者注意到社会资本与就业价值观的关系。例如，钟秋明等（2016）通过实证调查得出结论，认为社会资本显著影响就业价值观，从就业指导方面提出教育建议。部分研究尤其谈到应该注意就业观教育引导。相天东（2008）认为应该发挥"三观"教育尤其是择业观、就业观、创业观教育在就业指导中的作用。郭欣等（2021）、朱宁（2008）认为应该加强社会主义核心价值观教育，社会主义荣辱观教育，择业观、就业观教育，创业观教育，职业与成才观教育，就业价值观教育。宋吉红等（2009）认为应该加强思想政治教育课在大学生择业观树立中的作用。张勇华（2009）认为应该加强社会主义荣辱观教育、择业观和就业观教育、创新创业教育。周凌云（2010）认为工作没有最好的，只有最适合的，引导大学生树立正确的择业观。

就业价值观与就业质量的关系。部分研究认为就业价值观与就业质量存在显著关联，并且通过实证研究验证了这个结论。例如，潘文庆（2014）认为大学生就业价值观对大学生就业质量具有重要影响，并通过实证调查验证了这个观点。

总体而言，大学生就业价值观出现的问题已经被学者所关注，主要集中在就业价值观在市场经济下变得较为功利、缺乏社会价值观思考等，对问题的原因也有较多研究做了深入剖析。但是关于就业价值观研究存在结论单一（如大多数研究者认为功利是就业价值观问题的根源），对实证调查研究方法运用不够——大部分期刊论文都是经验性文章（硕博论文中，只有1/3使用了实证研究方法，其中4篇为引用他人调查结果），即使用了，也多为问卷调查（较少使用定性研究），调查方法较为单一，研究对象较为单一（多为在校大学生，缺乏大学毕业生数据）。对于就业价值观出现问题的原因，结论过于笼统（如大部分原因都从社会、家庭、学校三个方面进行概括性建议），建议不够深入，等等。

（六）改革开放以来大学生就业问题

引导学生前往基层就业。1990年，原国家教育委员会在《关于进一步做好高等学校毕业生思想政治教育工作的通知》中谈到"要深入进行艰苦创业和面向基层教育"。2004年，国务院办公厅在《关于进一步做好2004年普通高等学校毕业生就业工作的通知》中提出"加大支持力度，引导毕业生到西部、到基层、到祖国最需要的地方建功立业"。2009年，国务院办公厅在《关于加强普通高等学校毕业生就业工作的通知》中谈到"鼓励和引导高校毕业生到城乡基层就业"。同一年，教育部办公厅在《关于加强普通高等学校学生就业思想政治教育的通知》中提出要"积极开展实践教育，帮助学生在实践中增强投身基层的信心和决心"。这是教育部首次提出"就业思想政治教育工作"这一概念，并提出具体工作要求。2011年，国务院发布了《关于进一步做好普通高等学校毕业生就业工作的通知》，再一次明确提出"鼓励引导高校毕业生面向城乡基层、中西部地区以及民族地区、贫困地区和艰苦边远地区就业"。为响应国务院号召，中组部、教育部、人力资源和社会保障部、共青团中央联合发布《高校毕业生基层培养计划实施方案》的通知，明确了大学生村官、农村特岗计划、"三支一扶"计划、大学生志愿服务西部计划等作为大学生基层就业项目。而后，每一年毕业季，教育部在高校就业工作视频会议中都要求高校应鼓励大学生到基层就业。

加强就业指导工作。1990 年，国家教育委员会在《关于进一步做好高等学校毕业生思想政治教育工作的通知》中首次提出"要逐步开展毕业生就业指导工作"。2009 年，国务院办公厅在《关于加强普通高等学校毕业生就业工作的通知》中谈到"强化高校毕业生就业服务和就业指导"。从这一年起，各高校开始开设就业指导课程和讲座，全面加强对毕业生的就业指导服务。

鼓励大学生自主创业。2010 年，党的十七大提出"提高自主创新能力，建设创新型国家"以及"促进以创业带动就业"的发展战略，教育部在《关于大力推进高等学校创新创业教育和大学生自主创业工作的意见》中提出"大力推进高等学校创新创业教育工作"，并提出了一系列要求。2012 年，教育部专门出台普通本科学校创业教育教学的基本要求。可以看出，国家对于大学生创新创业的支持力度在逐步加大。

总的来看，第一，目前对于大学生就业价值观的研究较多，但从"三观"教育角度研究大学生就业价值观的较少。部分关于就业价值观的研究还停留在表面，没能把就业价值观与大学生"三观"问题相关联。第二，研究对象具有一定局限性。大多数研究集中在在校大学生尤其是大四学生上，对于毕业以后大学生的研究较少。虽然从研究可行性出发，这是一种常见的选择，但事实上这一部分人可能有的已经就业、有的还未就业、有的打算考研，等等。"就业对他们中的许多人来说还是'未来时'或'正在进行时'，而不是'现在完成时'。"① 换句话说，部分调查对象事实上还是未就业人群，就业价值观实际上还未形成，必然会导致结果的不准确。按照舒伯的观

---

① 风笑天：《我国大学生就业研究的现状与问题——以 30 项重点经验研究为例》，《南京大学学报》（哲学·人文科学·社会科学版）2014 年第 1 期。

点来看，应该将大学生职业生涯看作一个整体，探究其择业观念的变化。因此，应该"积极设计和开展对已经就业一段时期的大学毕业生进行调查研究，以弥补现有研究中对'已经完成择业'、'已经实现就业'的大学毕业生进行调查研究方面所存在的不足"。第三，研究方法较为单一。大部分实证调查研究集中使用了问卷调查的方法，对于在校大学生的人生观、价值观、择业观等都有所涉及，但使用访谈、个案研究等方法较为少见。第四，自改革开放以来，党和国家高度重视大学生就业问题，着力引导大学生前往基层就业并出台各项政策。这一点在中央颁布的各类关于大学生思想政治教育重要文献中均有体现，说明树立大学生科学就业观，引导大学生到祖国最需要的地方去，一直以来都是高校毕业生就业工作的重点，也应该是各高校引导毕业生就业的主要内容。但这些内容是否落实到大学生就业实践之中，较少有研究涉及。本书希望在前期研究的基础上，从"三观"教育的视角来了解当代大学生就业价值观的问题，试图对大学生就业的问题从世界观、人生观、价值观的层面来剖析。同时，为了更好地了解大学生的就业价值观，本书的研究对象扩大到走出校门的大学毕业生，以便能够更好地理解就业价值观。

五、研究意义

研究对于理解大学生就业问题尤其是就业价值观问题具有重要意义，不仅在理论上对于"三观"教育理论体系有所丰富，而且对于就业指导工作提供理论支持。对于提升思想政治教育的实效性和大学生就业质量更是具有现实意义。

（一）理论意义

丰富和完善高校思想政治教育尤其是"三观"教育的理论体系。马克思主义理论与"三观"教育在我党革命、建设、发展的各个历史时期都是普通高校教学内容及课程体系的重要组成部分。2004 年，中共中央、国务院发布《关于进一步加强和改进大学生思想政治教育的意见》，其中指出："加强和改进大学生思想政治教育的主要任务之一就是要以理想信念教育为核心，深入进行世界观、人生观和价值观教育。"进一步明确了在高校思想政治教育中，无论是思想政治理论课课堂，还是日常思想政治工作，"三观"教育都是其核心任务。现有研究集中在"三观"教育中的人生观、价值观教育上，较少研究能够将"三观"教育与实际相结合并反推"三观"教育的问题。因此，将就业价值观在"三观"教育视域下进行研究，有助于完善和丰富"三观"教育理论体系。

强化高校就业指导工作中的理论支持。目前我国高校就业指导工作中主要运用的理论指导体系构架来源于西方职业生涯教育理论。内容涵盖自我认知、职业世界认知、求职技能培养、就业政策讲解、创业培训等多个方面。但是对于思想政治教育理论借鉴还不够，没能将树立大学生正确、科学的择业观，"为人民服务"实现中华民族伟大复兴中国梦的重任等使命和责任，通过就业指导传达给大学生以至大学生难以做到"知行合一"。因此，在"三观"教育视域下对就业价值观进行研究，强化高校"三观"教育对于大学生就业价值观的理论支撑作用，引导大学生树立科学就业价值观，将个人利益与国家、民族利益相结合有着重要意义。

（二）现实意义

有利于拓宽"三观"教育的教育渠道，增强教育实效性。当前我国高校思想政治教育经过 20 多年的建设和发展，围绕着我国社会对人们的思想道德水平的要求和人们实际道德水平这一矛盾展开工作，取得了一系列的成就。但随着时代的发展也出现了一些问题，思想政治教育的教育方式和方法未能完全围绕学生实际生活展开，有时脱离人的个性发展、职业选择和文化生活，造成教育效果不佳、实效性不强等问题。本书在"三观"教育视域下研究青年大学生就业价值观，对拉近"三观"教育与实际生活的距离、提升教育实效有着重要的实际意义。

有利于完善大学生人格品质，促进其全面发展。我国历来重视大学生的就业工作，每年由国务院办公厅拟定各项针对大学生就业的方针、政策以促进大学生就业。教育部等部门每年会根据国务院办公厅相关文件联合下发通知，以确保全面落实普通高等院校毕业生就业工作的稳步实施。近年来，部分大学生求职时的迷茫、彷徨以及在毕业后不断转换工作已然成为一个社会问题。他们在工作中找不到方向，找不到人生价值，亟须得到关注。这些问题归根结底是由于青年学子的"三观"还不够明晰，人生目标还不够清楚。教育培养的是德智体美全面发展的社会主义建设者和接班人，培养的是具有"中国精神"的人才。这就要求大学生应该具有中国人民伟大创造精神、伟大奋斗精神、伟大团结精神和伟大梦想精神。将"三观"教育融入就业价值观引导，对于大学生确立人生目标，成长成才、全面发展有着重要实践意义。

六、概念界定及调研方法

在开展研究前，应将"三观"教育以及就业价值观这两个全书重要概念进行严格界定，以便后续篇目能够围绕这两个基本概念进行论述。

（一）"三观"教育

"三观"即世界观、人生观、价值观。在《中国大百科全书》中，世界观指的是人对世界总体的看法，包括人在世界中的地位和作用，也称为宇宙观。人生观则是一个人的一生对自我、他人和社会所具有的意义和作用。它不仅包括个人对社会的责任和贡献，也包括社会对个人的尊重和满足。[①] 它

---

① 张耀灿、陈万柏主编：《思想政治教育学原理》，高等教育出版社 2001 年版，第 187 页。

主要回答人生的价值、目的是什么，应该使自己成为一个什么样的人，怎样度过自己的一生等问题。人生观教育主要包含理想教育、成才教育以及艰苦奋斗精神教育。价值观指在一定社会条件下，人的全部生活实践对自我、他人和社会所产生的意义的自觉认识，与世界观和人生观密不可分。其核心是对人生目的的认识、对社会的态度和对生活道路的选择，包含理想信念教育及人生价值观教育等几个方面。"三观"教育作为思想政治教育的核心内容，是思想政治教育目的和任务的具体化表现。

（二）就业价值观

就业价值观即价值观在就业中的表现，主要包括就业目的、就业意义、就业目标、就业方向的看法以及对待不同职业的评价。即人们关于就业对自我、他人和社会所产生的全部意义和认识的总和，也称"就业观""择业观"。国外研究对象多为毕业生，称之为职业价值观。本书使用就业价值观，指代在校大学生和大学毕业生关于就业对自己、他人和社会所产生意义的全部认识。

（三）研究方法

本书拟在马克思主义价值观理论基础上，提出"国家、社会、个人"三位一体价值观理论。从大学生就业裸辞、闪辞现象入手，通过对大学毕业生开展的访谈研究，探究大学毕业生就业价值观现状和影响因素，建构相应定量研究设计基础理论。在上述理论框架下，设计调查问卷，对在校大学生进行问卷调查，印证问题。结合分析毕业生就业价值观问题与在校大学生就业价值观问题反推当前大学生"三观"教育中存在的问题，提出意见和建议。以此丰富和完善"三观"教育的理论和实践，达到提升大学生思想政治教育实效性以及正确引导大学生就业价值观的目的。

文献研究法。"文献研究是一种通过收集和分析现存的，以文字、数字、符号、画面等信息形式出现的文献资料，来探讨和分析各种社会行为、社会关系及其他社会现象的研究方式。"主要分为"个人文献、官方文献及大众传播媒介三大类"①。1. 本书涉及的个人文献主要包括经典马克思主义理论作家的各类著作，含《马克思恩格斯选集》《毛泽东选集》等。2. 官方文献包含以下 5 种：（1）国务院办公厅关于做好××年全国普通高等学校毕业生就业工作通知（2007—2020 年）。（2）教育部关于做好××年全国普通高校毕业生就业工作通知（2007—2020 年）。（3）国家中长期教育改革和发展规划纲要（2010—2020 年）。（4）中国普通高等学校德育大纲（1995 年）。（5）关于进一步加强和改进大学生思想政治教育的意见（2002 年）。3. 本书涉及的大众传播媒介文献主要分为以下几类：（1）人民网相关文献。（2）光明日报网相关文献。（3）教育部官方网站相关文献。（4）官方网站关于习近平总书记的重要讲话相关文献等。

个案研究。"即对一个个人、一件事件、一个社会集团，或一个社区所进行的深入全面的研究。"② 个案研究总体特点是集中在具有代表性的一个个人、一件事件、一个社会集团或一个社区上深入洞察，以获取丰富、生动、具体、详细的资料，以此较好地反映出事物或事件发展、变化的过程，为后期较大样本量的总体研究提供理论假设。本书将按照毕业后短期内多次更换职业、对职业选择具有较大代表性等特点，选择正反两面代表性个案进行展示和分析。

实证研究。1. 定性研究：本书将选取具有代表性的大学毕业生，采用参与观察法和无结构访谈法进行深入访谈，对一个群体的现象进行深入研究，探究现象背后的问题和原因，试图找出"三观"教育视域下大学生求职过程中就业价值观问题关键所在。在定性研究中本书参考扎根理论，使用类别分析法来进

---

① 风笑天：《社会研究方法》（第四版），中国人民大学出版社 2013 年版，第 204、207 页。

② 风笑天：《社会研究方法》（第四版），中国人民大学出版社 2013 年版，第 229 页。

行研究。"扎根理论方法包括一些系统而又灵活的准则（Guideline），让你搜集和分析质性数据，并扎根在数据中建构理论。"① 简言之，扎根理论是基于数据本身来形成理论分析的定性研究，通过对研究对象自身对生活的描述，研究他们是通过什么样的方式来解释自己的行为和生活，运用一定的规则来分析和理解他们，从而产生一些新的理论。本书未使用经典扎根理论进行研究，采用类别分析法对资料进行整理和研究。2. 定量研究：本书将采用自制问卷对在校大学生进行问卷调查。自制问卷设计将建立在前期访谈以及大量阅读文献基础上，采用专家效度法、预测方法等对问卷进行严格的信度、效度测试，多次修订调查问卷，最后进行实测。在前期研究综述中发现大学生就业价值观研究中使用自制问卷偏多，大部分未经过信度、效度检验。大学生就业价值观是一个复杂的社会现象，所包含的内容非常丰富，"几乎涵盖意识形态领域和青少年思想教育工作各方面"②。因此，如使用自制问卷，应该有较为严格的前测后才能进行实测。同时，为对大学毕业生价值观和在校大学生就业价值观进行比较，本书将从定性和定量两个方面对其理论和实践层面进行探究以印证结论。本书还将着重探求在"三观"教育视域下大学毕业生以及在校大学生的就业价值观现状、哪些因素在影响着他们，使用定量和定性相结合的研究方法进行研究。

（四）技术路线

本书采用的技术路线为：问题提出—理论研究—根据理论研究开展定性研究—在理论研究和定性研究基础上开展定量研究，分析"三观"教育的问题—提出意见建议。理论研究阶段主要是结合马克思主义价值观理论分析就业制度变更下大学生就业价值观的内涵，为实证研究打下理论基础。第二阶

---

① ［英］凯西·卡麦兹：《建构扎根理论：质性研究实践指南》，边国英译，陈向明校，重庆大学出版社 2009 年版，第 3 页。
② 李辉：《关于引导青少年树立正确的世界观、人生观、价值观的几点思考》，《中国青年研究》2013 年第 4 期。

段实证研究首先将根据提出的问题寻找具有代表性的大学毕业生进行访谈，采用质性研究中的类别分析法进行研究和整理。通过定性研究，挖掘在"三观"教育视域下就业价值观问题现状和产生的原因并形成定量研究的理论框架。

　　质性研究过程分为四个阶段：产生问题、数据收集、数据处理及建构新理论。第一阶段：产生问题。在研究初期应该带着问题进入研究环境，尽量摒弃已有的理论知识和观念完全深入到研究环境之中，在研究环境之中对问题进行深入探究和挖掘。第二阶段：数据收集。问题产生后，研究者要根据问题的的特殊性来抽样，"往往采取的是目的性抽样（Purposeful Sampling），即选择具有足够典型性的样本进行初步的研究再根据研究的进展来决定下一步的抽样对象①。"第三阶段：数据处理。完成数据收集后，研究者需通过实质性编码（Open Coding）和开放性编码（Selective Coding）来处理和分析。通过对事件和概念之间的不断比较，撰写备忘录，从而产生更多的范畴，形成更多的概念。第四阶段：建构新理论。在不断进行编码的过程中，许多新概念不断自然涌现，形成新的理论。研究者在整理备忘录时需回顾文献，从已有的文献与新材料的比较之间，达到理论饱和，产生新的理论。质性研究拟采用思维导图 16.0（Mindjet Mindmanager Pro）进行分析和整理。

　　质性研究结束后，下一步需要进行定量研究。即在收集整理数据产生出新的理论后，根据理论假设，设计调查问卷，进行全国范围内的问卷调查研究，以验证问题。定量研究的调查问卷题项可能分为三个部分：基本情况、就业价值观、影响因素。问卷第一部分为基本情况，主要涉及基本人口学问题。问卷第二部分为就业价值观现状的调查。问卷第三部分为影响因素，涉及社会、家庭、学校三个部分。定量研究拟采用统计分析 18.0（SPSS）软件

---

① 　贾旭东：《基于扎根理论的中国城市基层政府公共服务外包研究》，博士学位论文，兰州大学，2010 年，第 28 页。

对调查数据进行统计分析。

最后，根据以上质性研究和定量研究结果对问题进行深入分析，试图由就业价值观问题探求其背后"三观"教育的问题，根据各项影响因素的作用提出相应的对策。以下是本书的基本技术路线（见图1）：

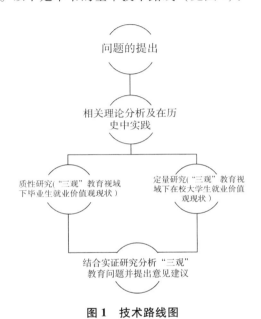

图1 技术路线图

第二章 **02**

| 当前大学生就业观问题的本质 |

　　大学生就业价值观教育是"三观"教育在就业上的体现，其核心是建立在我国社会主义生产关系下集体主义主流价值取向中倡导"国家、社会、个人"价值三位一体的价值观教育。这种价值观是建立在中国特色社会主义制度和生产目的之上的基本社会价值观，它既是中国传统文化中家国情怀的继承和发扬，也是马克思主义在中华人民共和国建立、改革、发展一系列进程中不断实践前进的主要特征。从传统以家族为本位的宗法集体主义文化衍生出来的家国情怀，到新民主主义革命中国家前途与人民利益一体化思想的延续，从新时期社会主义核心价值体系、社会主义核心价值观的形成，再到习近平倡导的实现中华民族伟大复兴"中国梦"，都是不同阶段这种基本价值取向的不同外延。它们共同组成具有中国特色社会主义精神文明建设的主要内容，核心即为"国家、社会、个人"三个层面价值的统一。在党和国家以及高校对大学生就业价值观引导上，这个核心价值取向也伴随着大学生就业制度的变化有着不同的内涵。从中华人民共和国成立后强调大学毕业生应该"个人利益服从国家利益"的"统分统招"阶段到"个人利益适应国家需要为主，社会需要为辅"的就业制度调整阶段，再到"国家、集体、个人利益相结合"的"双向选择"就业制度阶段，最后到鼓励广大青年"自主择业"及"双创"精神提出阶段，不难看出，无论我国的大学生就业制度和政策如何变化，集体与个人的利益和价值都不是对立的，更不是矛盾的，是始终统一在民族、国家共同利益之下的。

一、"国家、社会、个人"三位一体的价值观

　　传统文化孕育的家国情怀是中华民族各族人民所共同拥有的文化底蕴和精神财富。近代以来，随着国家、民族危难时刻的来临，这种精神文化深深影响着人们对"家国"的认识，也在无数次国家、民族危急的时刻涌现许多无名的英雄守护着中国。中国共产党诞生、乃至中华人民共和国成立后，根

植于传统家国情怀的集体主义思想逐渐成为中国人民的主流价值取向。这种价值取向也在中华人民共和国成立、建设、发展中发挥着重要的作用。在此基础上形成的国家前途与人民利益一体化思想在社会各个阶层的思想政治教育中都发挥了重要作用，更是成为大学生思想政治教育中"三观"教育的重要组成部分。

（一）中国古代家国情怀到"人民共和国"产生

儒家文化作为中华传统文化中的基因，几千年来深深地影响着中华民族的精神文化和社会生活。它倡导诸如克己复礼、诚实守信、刚健有为等诸多优良的人伦道德品质。其中最为重要的则是居安思危、心怀天下的品格，也就是传统意义上所说的"家国一体"思想观即家国情怀。家国情怀是一种对国家、民族的高度认同感和归属感，它表现在自觉将家庭（个人）与国家（民族）的理想结合在一起，将国家、人民的幸福作为自我幸福实现的最高价值体现。国家担当、社会责任是中国教育的优良传统，《论语》中曰："士不可以不弘毅，任重而道远。"士子最为重要的品质是责任。宋代范仲淹的"先天下之忧而忧，后天下之乐而乐"则将这种责任与天下相联系。到了明代，东林书院的"风声雨声读书声，声声入耳；家事国事天下事，事事关心"，明清之际顾炎武的"天下兴亡，匹夫有责"，这些名言警句都将"以天下为己任"的家国情怀通过各种形式表现了出来。

近代中国一系列不平等的、丧权辱国条约的签订，刺激了中国人民的家国观念。中国近代所经历的事件也让数万万普通民众的民族意识有所觉醒。爱国主义、民族主义在一次又一次民族危亡阶段发挥了重要作用，其核心思想和内涵也在一次又一次的革命中得到升华。辛亥革命后，封建制度瓦解，传统文化在当时也曾遭到普遍的质疑。所幸仁人志士们没有放弃，寻找拯救中国的道路。此时，不断发生的战争让"家国一体"思想中的"家"已经不是家庭本身，而是去家化后的个体，将个人与国（民族）紧密联系在一起。

这种联系由于革命战争的爆发和需要凸显出其本质的内涵，救亡图存就是家国思想在这个时代的传承。抗日战争时期，这种文化内涵则表现得尤为突出，无数仁人志士抛头颅洒热血，为抗战而牺牲个人的全部甚至生命，将个人价值的最高体现建立在国家（民族）的利益之上，皆是由于对民族、对国家的高度责任感。中国最终取得抗战胜利，实现民族独立，支撑着千千万万民众的精神就是这种在烽火中千锤百炼的家国情怀。马克思主义传入中国之时正值中国内外交困，在马克思主义同中国工人运动相结合之际，中国共产党成立了。从此中国革命有了前进的方向，有了精神的指导，有了发展的前景。马克思主义产生之时正是西方国家资本主义全面发展和迅速扩张的时期。随着工业革命的蓬勃开展，以农业经济为主的欧洲迅速向资本统治的工业社会转变。大量的农民失去了土地和生产资料，沦为工厂的廉价劳动力。成为大工厂、大机器的附庸。他们的生活方式、思维方式发生了剧烈的变化。工人受到资本的严重剥削，其反抗异常强烈，工人运动在欧洲各地此起彼伏。许多思想家涌现出来，希望能够帮助工人团结起来，共同对抗资产阶级，马克思主义正是在这种情况下应运而生。深受德国古典哲学影响的卡尔·马克思反过来深刻地批判了德国古典哲学。马克思善于从实践中考察社会的各种关系，并从中发现了资本主义社会运行的规律，批判了费尔巴哈对于人的本质的认识，强调人的本质并不是抽象的、孤立的，而是"……在其现实性上，它是一切社会关系的总和"①。这就将个体的人与他的社会性紧密联系起来，任何一个个体的人，都不能脱离他所处的社会环境、社会状况，包括所属民族、所在国家的复杂历史过往。国家、社会、个人三者之间的关系永远不能割裂开来。

　　中国共产党成立后，毛泽东认识到中国共产党必须以代表广大的劳动人

---

① 中共中央马克思恩格斯列宁斯大林著作编译局编译：《马克思恩格斯选集》（第一卷），人民出版社 2012 年版，第 135 页。

民、代表整个民族的根本利益的姿态出现在历史舞台上，同时也意识到只有时刻将人民利益放在第一位，才能争取最广大人民群众的支持，才能取得抗战的胜利。1935 年 12 月，毛泽东在陕北瓦窑堡会议上的报告中明确指出，要将民族革命中"工农共和国"的口号改为"人民共和国"。这样做，一方面是为了争取占人口大多数的工人、农民，还要争取小资产阶级、民族资产阶级对于革命的支持；一方面更是将国家（民族）命运与个人利益紧密联系在一起。"人民共和国"与"工农共和国"的区别在于"人民共和国的政府以工农为主体，同时容纳其他反帝国主义反封建势力的阶级"①。可见，人民共和国是代表反帝国主义反封建势力的各阶层人民利益的。它比"工农共和国"所代表的范围更为广大，同时它不同于以往的任何阶级组成的共和国，它在任何时候都保护工农权益，并代表着他们的利益。这也决定了它的领导者——中国共产党的根本宗旨是"为人民服务"，为人民的利益服务是其革命、建设、改革的最终目的。它是放大了的家，更是民族利益最根本的体现。那么中国共产党领导的"人民共和国"建立后，具体要做哪些事情呢？1936 年 12 月，毛泽东在《关于蒋介石声明的声明》中对于国民党的反动统治和当时的国民党二中全会做了义正词严的批判，明确提出"全国人民现在热烈要求一个真正救国救民的政府，要求一个真正的民主共和国。全国人民要求一个为他们自己谋利益的民主共和政府。这个政府的主要纲领，必须：第一，是能够抵抗外侮的。第二，是能够给予人民以民主权利的。第三，是能够发展国民经济，减轻以至免除人民生活上的痛苦的"②。这就为"人民共和国"建立的目的提出了具体的实施内容，而后一系列的革命政策都是紧紧围绕着这三个纲领开展和实施的。可以说，毛泽东所领导的新民主主义革

---

① 中共中央文献研究室编：《毛泽东选集》（第一卷），人民出版社 1991 年版，第 159 页。

② 中共中央文献研究室编：《毛泽东选集》（第一卷），人民出版社 1991 年版，第 249 页。

命让中国革命走向新民主主义道路，目的是建立新民主主义的社会制度。这样一种革命道路，将国家前途、民族命运和个人利益融为一体。

（二）中国特色社会主义基本价值取向仍然是集体主义

中华人民共和国成立后，经历了以阶级斗争为纲的错误指导路线以后，随着党的十一届三中全会的召开，开始走以经济建设为主的具有中国特色的社会主义道路。此时的社会主义道路，经济建设是重要特征，除此之外，以共产主义思想为核心的社会主义精神文明建设也是这个阶段中国特色社会主义道路的一个重要特征。早在新民主主义时期，毛泽东就明确指出："当作国民文化的方针来说，居于指导地位的是共产主义的思想……"① 那么，马克思主义中所描述的共产主义到底是指什么，共产主义的思想教育又该如何体现在日常中呢？在我国发展的不同阶段，我党不断探索将这种思想与我国实际相结合，以提出共产主义思想教育的具体内容，凝聚人心。1982年，彭真在第五届全国人民代表大会第五次会议上的报告中明确提出："共产主义的思想教育应该体现在帮助越来越多的公民树立辩证唯物主义和历史唯物主义的世界观，培养全心全意为人民服务的劳动态度和工作态度，把个人利益同集体利益、国家利益结合起来，把目前利益同长远利益结合起来，并使个人的目前的利益服从共同的长远的利益。"② 将共产主义思想的主要内容归纳起来就是马克思主义世界观、为人民服务的人生观、集体主义价值观，这也是当时整个中国社会所倡导的精神力量。

随着改革开放的深入，社会主义市场经济持续发展，这种精神力量作为社会主义精神文明建设的重要内容，随着时代的发展逐渐被赋予新的色彩。社会主义精神文明建设旨在促进改革开放，培养适应社会主义市场经济制度

---

① 中共中央文献研究室编：《毛泽东选集》（第二卷），人民出版社1991年版，第704页。

② 中共中央文献研究室编：《十二大以来重要文献选编》（上），人民出版社1986年版，第150页。

下的公民，最终目的是推动社会主义现代化建设。社会主义精神文明建设主要内容包括"……思想道德建设和教育科学文化建设两个方面，渗透在整个物质文明建设之中，体现在经济、政治、文化、社会生活的各个方面"①。目的是提升全民族的思想道德素质和科学文化素质，培养适应社会主义发展的"四有"社会主义公民。理想信念教育作为精神文明建设中思想道德建设的主要内容，它用建设中国特色社会主义的共同理想和实现共产主义的最高理想来动员和团结全国各族人民，投身到建设祖国、振兴中华的伟大事业中来，其根本价值取向就是社会主义生产关系下的集体主义价值取向。

中国共产党建设社会主义国家的最高理想是建立各尽所能、按需分配的共产主义社会，这样一个看似遥不可及的远期目标必须跟中华人民共和国当时改革、建设的实际情况相结合，而不能仅仅停留在马克思主义的著作中。为此，我党通过多种方式与中国实际相结合，在社会主义精神文明建设方面则是通过共同理想的建立与普通人民的生活相结合。将共同理想作为社会主义精神文明建设初期的核心内容，同社会主义物质文明建设相互支撑。社会主义物质文明建设只有在精神文明建设指导下，各项社会主义的原则和政策才能得到贯彻，精神文明建设只有在物质文明建设的推动下才能不断发展。二者相辅相成，不可分割。1985年，邓小平在中国共产党全国代表会议闭幕会上的讲话，讲到了精神文明建设和物质文明建设的关系，首次谈到了共同理想建立的重要性："不加强精神文明的建设，物质文明的建设也要受破坏，走弯路。有了共同的理想，也就有了铁的纪律。无论过去、现在和将来，这都是我们的真正优势。当前的精神文明建设，首先要着眼于党风和社会风气的根本好转。"② 邓小平的这段话不仅强调了精神文明建设的重要性，还明确

---

① 中共中央文献研究室编：《十二大以来重要文献选编》（下），人民出版社1988年版，第1176页。

② 中共中央文献研究室编：《邓小平思想年编（1975—1997）》，中央文献出版社2011年版，第559页。

指出了社会主义精神文明建设的核心：共同理想的建立。对于我们党来说，最高理想是建立各尽所能、按需分配的共产主义社会。对于人民来说，这个共同理想就是"建设有中国特色的社会主义，把我国建设成为高度文明、高度民主的社会主义现代化国家……"① 这个共同理想，不仅包含了工人、农民、知识分子和其他劳动者、爱国者等全部人民的利益和愿望，更是全体中华民族各族人民战胜一切困难、争取胜利的强大的精神武器。从民族独立到建立中华人民共和国，再到强调建设文明、民主的社会主义现代化国家的重要性，共同理想在中国不同的历史阶段被赋予了不同的内容，但都代表了中华儿女对国家富强、民族独立的共同追求。其主要内容是建设有中国特色的社会主义，把我国建设成为高度文明、高度民主的社会主义现代化国家。由此，中国共产党为广大人民群众构建了实现共产主义最高理想的必经之路，那就是实现共同理想，为共同理想奋斗即为最高理想奋斗。这个共同理想既有家国情怀的特点，也有中国改革、建设的时代特征，它有三大突出特点：（1）集中了所有人的利益和愿望。（2）与各行各业发展目标、建设任务相结合。（3）与各自岗位职责与人生追求相结合。体现了集体主义中"国家、社会、个人"价值利益三位一体的思想原则。贯穿社会主义精神文明建设的改革、发展等各个历史阶段的重要价值取向就是社会主义生产关系下的集体主义价值观。这是由中国的国情决定的，是中国社会主义公有制所决定的。生产目的是最大限度地满足日益增长的人民物质和文化的需要，因此这种经济体制决定了集体主义成为中国社会的基本价值取向。

（三）社会主义生产关系下的集体主义是各个阶层"三观"教育中的主要内容

思想政治教育工作历来是我党开展群众工作的法宝之一，作为社会主义

---

① 中共中央文献研究室编：《十二大以来重要文献选编》（下），人民出版社1988年版，第1199页。

精神文明建设的重要手段,核心内容包括了爱国主义、集体主义、社会主义教育,艰苦奋斗、自力更生、勇于奉献的革命传统精神,四项基本原则、反对资产阶级自由化等内容,爱国主义、集体主义、社会主义教育则是最为重要的价值取向。改革开放以来,党和国家高度重视社会各个阶层的思想政治教育工作,即"三观"教育,集体主义这个基本价值取向始终贯穿于各个历史时期。党员及党员干部、国企职工、军队、农民、青少年这五大人群是思想政治教育的主要对象。对于不同的社会阶层和受众群体,思想政治教育具有不同的侧重点和方式方法,但都在共同理想的指导下,紧紧围绕着爱国主义、集体主义、社会主义教育展开。不同的社会历史时期由于经济、文化、社会的变化,教育内容虽有不同,但始终围绕着社会主义物质文明建设并作为其重要保障而存在着。

党员及党员干部的"三观"教育是社会主义精神文明建设的核心,根本目的是以党风建设带动整个社会风气建设。党员及党员干部的"三观"教育也就是党风建设,主要内容有三点:一是以树立共产主义远大理想为基本信念;二是以全心全意为人民服务为原则;三是以艰苦奋斗、英勇拼搏的献身精神为主要品质。其主要价值取向与中国特色社会主义基本价值取向保持一致,遵循集体主义价值观。对于党员干部及党员,党和国家要求他们严格遵循"服从"的原则。如1990年中国共产党第十三届中央委员会第六次全体会议通过的《中共中央关于加强党同人民群众联系的决定》明确提出:"共产党员要吃苦在前,享受在后。……当个人和小团体的利益同国家和人民利益发生矛盾时,要自觉服从国家和人民的利益。"涉及国家、集体、个人三者利益问题时,对于党员干部和党员来说遵循的原则为个人"自觉服从"国家和人民。党员和党员领导干部"要坚持人民的利益高于一切,正确处理局部利益和整体利益的关系,眼前利益和长远利益的关系,国家、集体、个人利益的关系……"① 切实把"国家""集体"的利益转化为"人民"的利益，极大地拉近了与普通民众的距离，让社会主义精神文明建设和集体主义价值观落地。党的十六大以后江泽民提出的"三个代表"思想，其中"中国共产党要始终代表中国最广大人民的根本利益"这一开创性的思想也很好地诠释了这一点。

国企职工的"三观"教育倡导把国家利益放在首位，倡导在正确处理国家、地方、部门、企业、个人之间的利益关系时，"……引导职工发扬工人阶级集体主义精神，把国家利益放在首位，时时处处为人民服务、对消费者负责，坚决克服个人主义和本位主义"②。经济体制改革涉及千家万户的利益，涉及如何正确处理国家、地方、部门、企业、个人之间的利益关系。国企作为国民经济的支柱，必须引导职工对于社会主义制度和中国共产党的领导建立信心和产生认同，将国企职工的个人利益与集体利益相对立，不利于思想政治工作的开展。除了比较系统的爱国主义、集体主义、社会主义、共产主义的思想教育以外，国企职工还有一个重要的思想政治工作，就是日常的思想政治教育。这是精神文明建设中思想道德建设的重要体现，主要教育内容是形势与政策、民主法制教育、社会公德和职业道德教育，其中社会公德教育则是当时社会历史条件下"三观"教育适应新时代的重要内容。改革开放以来，社会主义计划经济向社会主义市场经济的改革进程中，中国社会发生了翻天覆地的变化，一部分人先富起来，人们的思想随之也有了较大的变化。在社会主义制度下，必须引导国企职工"……处理好三个关系，即现

---

① 中共中央文献研究室编：《十三大以来重要文献选编》（下），人民出版社1993年版，第1655页。

② 中共中央文献研究室编：《十二大以来重要文献选编》（上），人民出版社1986年版，第365页。

实与未来的关系，多数与少数的关系，广泛性与先进性的关系"①。具有中国特色社会主义的社会公德作为中国特色社会主义精神文明的重要内容，是思想政治工作的重要工作内容，这是集体主义价值观在思想道德建设上的重要体现。随着时代的进一步发展，企业的思想政治工作在新的历史时期被赋予新的内容：创新创业教育。1995 年 11 月中央宣传部、国家经贸委发布的《中央宣传部、国家经贸委关于加强和改进企业思想政治工作的若干意见》的通知中提出："大力加强新时期创业精神教育。要宣传和弘扬江泽民同志倡导的新时期六十四字创业精神，引导职工正确认识改革发展与艰苦奋斗、自力更生与对外开放、物质报酬与劳动付出的关系，自觉抵制拜金主义、享乐主义等腐朽思想的侵蚀，使艰苦奋斗、勤俭建国、励精图治、无私奉献的思想深入人心。"②

军队的"三观"教育是理想信念教育和纪律教育。作为中国共产党领导的中华人民共和国的重要武装力量，首要加强的是理想和纪律教育，这和军队的性质和使命是分不开的。其主要内容是共产主义理想教育、爱国奉献教育、革命人生观教育、艰苦奋斗精神教育。正如习近平 2014 年在全军政治工作会议上的讲话《切实加强和改进新形势下我军政治工作》中提出的："崇高的理想、坚定的信念，是革命军人的灵魂，是克敌制胜、拒腐防变的决定性因素。要把坚定官兵理想信念作为固本培元、凝魂聚气的战略工程，采取有力措施，抓紧抓实抓出成效。……有灵魂就是要信念坚定、听党指挥，有本事就是要素质过硬、能打胜仗，有血性就是要英勇顽强、不怕牺牲，有品

---

① 中共中央文献研究室编：《十三大以来重要文献选编》（中），人民出版社 1991 年版，第 1079 页。

② 中共中央文献研究室编：《十四大以来重要文献选编》（中），人民出版社 1997 年版，第 1577 页。

德就是要情趣高尚、品行端正。"①军队的思想政治工作首要的一点是理想信念教育，这是军队思想政治工作的灵魂。这里的理想信念教育是对崇高理想和共同理想的坚定信念。在过去是不断学习各项党的方针政策，在新时期则必须弘扬和践行社会主义核心价值观，培育属于当代军人的核心价值观，这是新时期军人正确世界观、人生观、价值观的体现。

农村的"三观"教育重点在于抓好农村党员、干部的示范作用，引导普通群众处理好个人、集体和国家的关系。1990年《中共中央、国务院关于一九九一年农业和农村工作的通知》中指出："农村社会主义思想教育工作……重点放在教育党员坚定社会主义信念，带领群众自力更生、艰苦奋斗，走勤劳致富、共同富裕的道路；教育群众认清家庭联产承包为主的责任制的社会主义性质，培养集体主义精神，正确处理国家、集体和个人三者关系。"②此时的农村思想政治工作的重点分为两条线路：一是抓好农村党员、干部的示范作用。二是教育普通群众处理好个人、集体、国家三者的关系。集体主义精神仍然是贯穿两条线的重要价值取向。对于农村思想政治工作来说，除了基本的价值取向灌输，农村精神文明建设的根本任务必须转变为提高农民的思想道德素质和科学文化素质，这就包括了普法教育与科学文化知识的传播和普及。农民作为中国主要社会阶层，致富是其主要的社会生活诉求，如何合法地运用科学文化知识勤劳致富，是重要的"三观"教育内容，同整个社会主义精神建设的目的一样，为农村经济社会发展提供强大的精神动力、智力支持和思想保证。因此农村思想政治教育必须依靠群众，立足基层，狠抓落实，讲求实效，紧紧围绕发展经济、建设小康的目标，同农村经

---

① 赵周贤、刘光明主编：《新时代的理论思考》（下），人民出版社2019年版，第439页。

② 中共中央文献研究室编：《十三大以来重要文献选编》（中），人民出版社1991年版，第802页。

济工作、基层民主政治建设和社会治安综合治理相结合，以创建"文明户""文明村镇"为主要形式。

　　青少年的"三观"教育重点在个人的理想抱负与全民族的共同理想相一致、与祖国发展的洪流相融合、与人民前进的伟大步伐相统一。作为建设社会主义的接班人，青少年的思想建设关系到社会主义建设的将来，是建设社会主义成败的关键。20世纪70年代邓小平提出物质文明和精神文明"两手抓"，同时提到建设精神文明的目的是培育社会主义"四有新人"，明确了青少年思想建设的方向。1985年3月，邓小平在全国科技工作会议上的讲话《一靠理想二靠纪律才能团结起来》中特别提道："有一点要提醒大家，就是我们在建设具有中国特色的社会主义社会时，一定要坚持发展物质文明和精神文明，坚持五讲四美三热爱，教育全国人民做到有理想、有道德、有文化、有纪律。这四条里面，理想和纪律特别重要。我们一定要经常教育我们的人民，尤其是我们的青年，要有理想。"① 说明思想政治教育中理想信念教育最为重要。这个理想信念教育首要的是树立共产主义远大理想。随着改革开放的深入推进，共产主义的远大理想对于青少年来说逐渐演变为树立科学正确的"三观"。1987年5月《中共中央关于改进和加强高等学校思想政治工作的决定》中提道："要使学生掌握马克思主义的基本原理，……树立辩证唯物主义和历史唯物主义的世界观，确立远大的理想和正确的人生观。"② 首次将正确的世界观定义为辩证唯物主义和历史唯物主义，正确的人生观确立为具有共产主义远大理想。1990年，江泽民在首都青年纪念五四运动71周年报告会上的讲话《爱国主义和我国知识分子的使命》中提出："五四以后，先进的知识分子在中国共产党领导下，在长期艰难曲折的斗争中，继承

---

① 中共中央文献研究室编：《十二大以来重要文献选编》（中），人民出版社1986年版，第658页。

② 中共中央文献研究室编：《十二大以来重要文献选编》（下），人民出版社1988年版，第1413页。

和发扬中国历史上知识分子的优良传统，表现出具有时代特征的崭新精神风貌。"① 充分肯定了青年知识分子在五四以后的中国革命、改革、建设中所做出的贡献以及展现的与民族、国家共患难的精神风貌。指出了作为中国特色社会主义的一分子青少年应有的责任担当和人生价值取向。这与我国传统文化中的家国情怀一脉相传，是"国家、社会、个人"三位一体的爱国主义、集体主义、社会主义价值观的体现。青少年的"三观"教育是在以建立共同理想为全国人民共识的基础上，将自我前途命运与国家荣辱兴衰的统一，强调的是国家、社会、个人利益的兼顾及三者的统一。1998 年 5 月，江泽民在庆祝北京大学建校一百周年大会上的讲话中提出："希望你们坚持学习科学文化与加强思想修养的统一。……希望你们坚持学习书本知识与投身社会实践的统一。……希望你们坚持实现自身价值与服务祖国人民的统一。……希望你们坚持树立远大理想与进行艰苦奋斗的统一。青年人要有理想，还要有实现理想的坚定信念和脚。"②随着时代的推进，这种价值取向在不同的历史背景条件下，演变成要求青少年将知识与实践结合、优良品德培养、艰苦奋斗精神培养三个方面。1998 年 6 月，胡锦涛在共青团第十四次全国代表大会上的讲话《迈向新世纪，创造新业绩》中提出："广大青年特别是青年学生，要自觉走与实践相结合、与人民群众相结合的道路，在祖国和人民最需要的地方，在改革开放和现代化建设的第一线，积累经验，经受锻炼，增长才干，汲取从书本中无法得到的丰富营养，真正成为祖国现代化建设的有用之才。……要把伟大事业全面推向新世纪，青年就必须培养优良品德，弘扬文明新风。作为肩负历史重任的青年一代，既要有知识才干，又要有优良品

---

① 中共中央文献研究室编：《十三大以来重要文献选编》（中），人民出版社 1991 年版，第 1054 页。

② 中共中央文献研究室编：《十五大以来重要文献选编》（上），人民出版社 2000 年版，第 327-328 页。

德。……要把伟大事业全面推向新世纪，青年就必须矢志艰苦创业，勇于开拓创新。……广大青年要坚持树立远大理想与进行艰苦奋斗的统一。"① 1999年5月，胡锦涛在五四运动八十周年纪念大会上的报告《发扬伟大的爱国主义精神，为建设有中国特色社会主义努力奋斗》，2002年5月江泽民在纪念中国共产主义青年团成立八十周年大会上的讲话，2003年7月吴官正在中国共产主义青年团第十五次全国代表大会上的讲话《在全面建设小康社会的伟大实践中谱写新的青春乐章》，都反复提及这个问题。说明对于青少年来说，"国家、社会、个人"三位一体，与个人的理想抱负与全民族的共同理想相一致、与祖国发展的历史洪流相融合、与人民前进的伟大步伐相统一。

　　青少年的"三观"教育旨在树立正确的世界观、人生观、价值观。正确的"三观"第一次从国家层面进行界定是丁关根1995年10月在《认真贯彻十四届五中全会精神，进一步加强社会主义精神文明建设》中提出的："……要把学习理论同树立正确的世界观、人生观、价值观紧密结合起来。联系当前实际，树立正确的世界观，重点是坚定建设有中国特色社会主义的信念；树立正确的人生观，重点是坚持全心全意为人民服务的宗旨；树立正确的价值观，重点是发扬艰苦奋斗、无私奉献的精神"②。正确的世界观被摆在第一位，其中的重点是建立在辩证唯物主义和历史唯物主义之上的具有中国特色理想信念教育，也是人生观、价值观建立的基础。这是对全国所有公民"三观"的要求，落实在大学生的思想政治教育上则要以全面发展为目标，把握好四项基本任务："以理想信念教育为核心，深入进行树立正确的世界观、人生观和价值观教育。……以爱国主义教育为重点，深入进行弘扬和培育民族精神教育。……以爱国主义教育为重点，深入进行弘扬和培育民族精神教

---

① 中共中央文献研究室编：《十五大以来重要文献选编》（上），人民出版社2000年版，第418、419页。

② 中共中央文献研究室编：《十四大以来重要文献选编》（中），人民出版社1997年版，第1535页。

育。……以大学生全面发展为目标，深入进行素质教育。"① 其中，理想信念教育作为首要任务，是加强和改进大学生思想政治教育的重点，其在各类人员的"三观"教育也有极其重要的作用。对于大学生来说，理想信念教育的核心即个人理想与国家前途命运的结合。这种要求落实在青少年的思想政治教育上则是树立未成年人的思想道德教育和爱国主义、集体主义、社会主义教育。

二、"国家、社会、个人"三位一体价值观的理论渊源

"国家、社会、个人"价值三位一体思想来源于中华民族"天下兴亡，匹夫有责"的家国情怀。它是马克思主义价值观理论中国化的重要成果，是马克思主义价值观在中国中实践的成果。从人民群众利益至上到"中国梦"的共同理想，它是中国改革、发展过程中处理各类利益关系的重要理论。

（一）马克思主义价值观

马克思主义价值观是马克思主义科学理论体系的一部分，必须了解其独特的出发点、最高理想以及评价标准才能正确理解其丰富的科学内涵。因此要认识到"首先，马克思主义价值观以无产阶级的根本利益和全人类的解放为出发点的价值观。……其次，马克思主义价值观是以追求和实现共产主义为最高价值理想的价值观。……最后，马克思主义价值观是以是否符合历史发展的客观规律，是否坚定地站在人民的立场上，推动社会进步发展和维护人民根本利益为评价标准的价值观"②。还要明确的是，马克思主义价值观是以马克思恩格斯为主要创始人，以辩证唯物主义和历史唯物主义为指导，围绕如何实现"人的自由全面发展"这一核心问题而形成的一系列关于价值判

---

① 中共中央文献研究室编：《十六大以来重要文献选编》（中），人民出版社 2006 年版，第 180、181 页。

② 罗国杰：《马克思主义价值观研究》，人民出版社 2013 年版，第 97-100 页。

断的基本观点和看法。它随着不同国家具体国情和不同历史时期不断发生变化，是指导广大无产阶级进行革命、建设和实践的理论武器。马克思主义价值观理论大致包括以下几个方面的内容。

第一，价值目标是人的全面自由发展。马克思和恩格斯通过对"利益""需要"等概念的阐释，通过对利益与需要、个人利益与集体利益、利益矛盾推动社会发展、人民利益高于一切等重要内容的论述，表达了丰富的价值观理论内涵。其中，人的自由全面发展是马克思、恩格斯价值理论的核心，是马克思、恩格斯在对资本主义的分析和批判基础上形成的。

马克思、恩格斯在对资本主义社会深刻分析和批判的基础上，对未来社会的基本原则和价值追求进行了描述和展望，这就是"一个更高级的、以每一个个人的全面而自由的发展为基本原则的社会形式建立现实基础"①。人全面自由的发展与资本主义社会广大工人阶级饱受压迫的状态相对立。所谓人的自由而全面发展，是"人以一种全面的方式，也就是说，作为一个完整的人占有自己的全面的本质"。马克思主义认为，虽然资本主义社会面临许多问题，但"资产阶级在它的不到一百年的阶级统治中所创造的生产力，比过去一切世代创造的全部生产力还要多，还要大②。"说明资产阶级在推动生产力发展、提高劳动者积极性方面有着巨大的进步。但将自由的价值观念，放在经济关系和社会生产中进行分析，就会发现资本主义社会中的工人阶级不可能有真正的自由发展。因为他们在经济上始终处于被奴役被压迫的地位，在经济上得不到自由和平等，政治上的自由和平等就沦为空谈。

第二，价值取向是为绝大多数人谋利益。马克思说："如果说人以其需要的无限性和广泛性区别于其他一切动物，那么另一方面就可以说，没任何

---

① 中共中央马克思恩格斯列宁斯大林著作编译局编译：《马克思恩格斯选集》（第二卷），人民出版社 2012 年版，第 267 页。

② 中共中央马克思恩格斯列宁斯大林著作编译局编译：《马克思恩格斯选集》（第一卷），人民出版社 2012 年版，第 405 页。

一种动物能够把自己的需要缩小到这样不可想象的程度和把自己的生活条件限制到这样的最低限度……"[1] 需要是人的本性，是推动人们进行社会活动的内驱力。人具有较强的主观能动性，人的需要也具有多样性和可变性等特点。因而，为了满足自身生存和发展的内在需要，人们发展生产力并推动社会进步。可以说一切利益均来源于需要，不断满足人类的各种需要是人类从事全部活动的出发点和落脚点。利益分为个人利益和集体利益。社会性是人最根本的属性，因为人是社会中人，每一个个体都生活在一定的社会关系中。除了个体有利益需求以外，集体也有利益需要。在私有制制度下，个人需要体现为个人利益，集体需要体现为集体利益，二者既有一致性，也有矛盾冲突。马克思认为，没有剥削和私有制的共产主义社会阶段，二者能够和谐统一。在社会主义制度下，国家这个最大的集体利益不是空中楼阁，它就是全部人民共同利益的体现。马克思、恩格斯在《共产党宣言》中指出："过去的一切运动都是少数人的，或者为少数人谋利益的运动。无产阶级的运动是绝大多数人的，为绝大多数人谋利益的独立的运动。"[2] 这里的"绝大多数人"指的就是包括广大无产阶级在内的最广大人民群众。不同于资本主义国家，社会主义国家人民是国家的主人，在经济、政治上充分享有国家政治生活中的主导地位，能够参政议政，共享经济发展、社会建设的成果，人民在社会生活中的主动性、积极性能够得以充分发挥。马克思在《〈黑格尔法哲学批判〉导言》中认可人民群众对历史巨大推动作用，认为"历史活动是群众的活动，随着历史活动的深入，必将是群众队伍的扩大"[3]。人民群

---

[1]　中共中央马克思恩格斯列宁斯大林著作编译局编译：《马克思恩格斯全集》（第三十八卷），人民出版社 2019 年版，第 11、12 页。

[2]　中共中央马克思恩格斯列宁斯大林著作编译局编译：《马克思恩格斯选集》（第一卷），人民出版社 2012 年版，第 411 页。

[3]　中共中央马克思恩格斯列宁斯大林著作编译局编译：《马克思恩格斯文集》（第一卷），人民出版社 2009 年版，第 287 页。

众创造了历史，更创造了物质财富及精神财富，人民群众创造历史的动力即为人民的利益。只有坚持人民的利益才能进一步推动人民群众创造历史的内在动力，社会生产力才能进一步发展。

第三，理想是实现共产主义。共产主义是马克思主义对未来社会形态的勾画，也是马克思主义的核心内容。马克思指出："共产主义是对私有财产即人的自我异化的积极的扬弃，因而是通过人并且为了人而对人的本质的真正占有；因此，它是人向自身、也就是向社会的即合乎人性的人的复归，这种复归是完全的复归，是自觉实现并在以往发展的全部财富的范围内实现的复归。"① 共产主义理想是马克思、恩格斯在对资本主义社会批判的过程中为未来人类社会理想形态的规划。

共产主义虽然是一种畅想，但它是建立在十分严密的科学推论基础上的，具有科学性、合理性。在共产主义社会里，私有制被消灭，阶级也不再存在，人类能够自由而全面地发展个人潜能，最终实现共产主义理想。

（二）无产阶级革命家对马克思主义价值观理论的继承与发展

列宁是继马克思、恩格斯之后伟大的马克思主义者，他在苏维埃俄国的社会主义建设中对马克思主义价值观理论进行了实践，并形成了列宁主义价值观理论，丰富和完善了马克思主义价值观理论。

完全的集体主义：个人利益无条件服从国家利益。饱受战乱破坏的俄国经济遭受了重创，十月革命后，国家亟须发展各项事业。列宁意识到，对于俄国这个新兴的社会主义国家来说，最大的需要应该是发展社会生产力。因此，列宁指出："无产阶级取得国家政权以后，它的最主要最根本的需要就是增加产品数量，大大提高社会生产力。"② 这是社会主义国家发展历史上第

---

① 中共中央马克思恩格斯列宁斯大林著作编译局编译：《马克思恩格斯文集》（第一卷），人民出版社 2009 年版，第 185 页。

② ［苏］列宁：《列宁全集》（第四十二卷），人民出版社 2017 年版，第 380 页。

一次明确提出社会主义建设的根本任务是发展生产力。1918 年到 1920 年，苏维埃俄国实行了战时共产主义政策。为了巩固苏维埃政权，摆脱饥荒，实行全面的余粮征集和实物配给制。列宁提出，"我们绝不容许不肯把自己一伙人的利益同全体工农的利益结合起来的自私自利分子"①。强调社会共同利益和个人利益的一致性，强调个人利益无条件地服从国家利益，损害了农民的个人利益，引起了以农民为代表的广大人民群众的强烈不满。

个人和集体的统一：探索个人利益与国家利益结合。事实上，列宁很早就认识到个人利益的重要性，认为物质利益是"人民生活中最敏感的神经"②，也认识到个人利益对于人民群众的重要性。因此，在战时共产主义过于强调个人利益完全服从国家利益，使得农民积极性受到极大损害并引起强烈不满时，列宁及时反思了战时共产主义政策的利益分配问题，认识到个人利益与国家利益不仅高度统一，也有一定的矛盾性，认识到国家是由无数个个人组成的，国家利益即为个人利益的总和。要提高生产力，扩大国家利益，必须"靠个人利益，靠同个人利益的结合，靠经济核算，在这个小农国家里先建立起牢固的桥梁，通过国家资本主义走向社会主义"③。为此，列宁开始探索个人利益与国家利益兼顾的分配制度。苏俄于 1921 年起逐渐恢复了国家对商业的调节和货币流通，引导和鼓励小农经济、私人生产等小生产方式的发展。在利益分配上探索社会主义的按劳分配原则，强调分配与劳动的密切关系，不劳动者不得食，等量劳动领取等量产品。提出通过奖金、利润分配的形式进行合理分配，这与资本主义社会资本家的不劳而获、压榨劳动人民有着本质的区别。在一定程度上缓解了苏俄社会主义发展中被压制的社会生产力和经济发展活力，但未从根本上解决苏俄当时国家利益凌驾于个人

---

① ［苏］列宁：《列宁全集》（第三十八卷），人民出版社 2017 年版，第 336 页。
② ［苏］列宁：《列宁全集》（第十六卷），人民出版社 2017 年版，第 146 页。
③ ［苏］列宁：《列宁全集》（第四十二卷），人民出版社 2017 年版，第 187 页。

利益之上的问题。

在马克思主义中国化的历史进程中，利益问题带来的价值观取向始终是中国革命和建设探索过程中的基本问题。中国共产党人也一直以马克思主义价值观理论为指导，以中国社会主义实践为基础，伴随着对中国社会变革的方法、道路、发展等一系列问题的深入探究，在中国社会主义实践中丰富和发展了马克思主义价值观理论。

（1）毛泽东的价值观。以毛泽东为核心的中国共产党第一代领导人，在领导中国人民进行社会主义革命和建设过程中重视对社会利益关系的把握，注重将马克思价值观理论运用于中国革命和建设的实际。毛泽东在《论十大关系》《关于正确处理人民内部矛盾的问题》等论著中阐述了对社会主义利益问题的思考，形成了极具中国特色的社会主义价值思想，作为毛泽东思想的重要组成部分，丰富和发展了马克思主义的价值观理论。主要思想观点体现在以下方面。

确立了人民利益至上的基本价值取向。第一，把为人民群众谋利益作为中国革命和建设的出发点和归宿是中国社会主义建设的基本价值取向。毛泽东提出：中国共产党人的根本任务应该是为人民服务，人民利益至上。1945年，毛泽东在《论联合政府》中写道："我们共产党人区别于其他任何政党的又一个显著的标志就是和最广大的人民群众取得最密切的联系。全心全意地为人民服务，一刻也不脱离群众；一切从人民的利益出发，而不是从个人或小集团的利益出发；向人民负责和向党的领导机关负责的一致性；这些就是我们的出发点。"① 第二，重视并满足各个阶层人民群众的物质需求。毛泽东在分析当时中国社会各阶层现状的时候敏锐地发现，要动员各阶层人民群众参与革命，就必须重视并满足各个阶层人民群众的物质需求，这也是党能

_____

① 中共中央文献研究室编：《毛泽东选集》（第三卷），人民出版社1991年版，第1094-1095页。

否夺取政权的重要条件。1934 年，毛泽东指出了满足人民群众的物质利益需求与取得革命战争胜利之间的关系。他认为，革命战争是广大人民群众的战争，只有动员和依靠广大群众才能取得胜利，这就必须给人民以看得见的物质福利才能动员群众参与革命。解放战争时期，中国共产党制定了《中国土地法大纲》，耕者有其田的土地政策使得农民第一次拥有了自己的土地。毛泽东进一步明确指出，要巩固党的领导必须要给群众以物质利益保障，让群众切实感受到实实在在的好处。新的土地政策能够最大限度地调动起中国农民革命积极性，为解放战争的最终胜利奠定了群众基础。第三，解放生产力、发展生产力满足人民群众物质利益需求。早在抗日战争时期，面对敌人封锁根据地所造成的严重经济困难，毛泽东号召广大军民要"自己动手、丰衣足食"，要靠自己的力量开展大生产运动自救。1943 年，毛泽东提出："凡不注重研究生产的人，不算好的领导者。"[①] 充分说明了毛泽东对于发展生产以满足人民群众基本物质需求的重视程度。中华人民共和国成立后，他意识到增加人民群众的收入对于巩固政权的重要性。1956 年 1 月，他在最高国务会议上指出："社会主义革命的目的是解放生产力。"在《关于正确处理人民内部矛盾的问题》中指出："我们的根本任务已经由解放生产力变为在新的生产关系下面保护和发展生产力。"[②] 毛泽东认识到社会主义建设的重要目的是解放生产力和发展生产力，以满足各级人民群众的物质利益需要。此后，在多次讲话中他都提出了社会主义革命目的是解放生产力和发展生产力。1956 年 6 月 14 日，他在代党中央起草的《农业生产合作社要注意多种经营》中明确要求："……有必要号召各农业生产合作社立即注意开展多种经营，才能使百分之九十以上的社员每年增加个人的收入，否则就是一个很大的偏

---

① 中共中央文献研究室编：《毛泽东选集》（第三卷），人民出版社 1991 年版，第 911 页。

② 中共中央文献研究室编：《毛泽东文集》（第七卷），人民出版社 1999 年版，第 218 页。

差，甚至要犯严重错误。"①

　　提出了国家、集体和个人利益"三兼顾"的分配原则。毛泽东在《论十大关系》中全面论述了社会主义的各种物质利益关系，提出了"统筹兼顾、适当安排"作为处理利益关系及其矛盾的重要价值原则。在处理利益问题上，他在马克思主义价值观理论基础上，结合苏联实践经验，首次提出了国家、集体和个人利益的"三兼顾"利益分配原则，提出"……必须兼顾国家、集体和个人三个方面，也就是我们过去常说的'军民兼顾'、'公私兼顾'"②的原则。同时，他也认识到三者之间是矛盾统一的关系，因此，在后来的《关于正确处理人民内部矛盾的问题》中，指出"在分配问题上，我们必须兼顾国家利益、集体利益和个人利益。对于国家的税收、合作社的积累、农民的个人收入这三方面的关系，必须处理适当，经常注意调节其中的矛盾"③。毛泽东的"三兼顾"思想具体有三个层面的含义：一是兼顾当前利益与长远利益。二是兼顾国家、集体和个人三方面的利益。三是兼顾要适当。

　　引导劳动者正确理解国家、集体和个人三者价值统一。在毛泽东看来，国家、集体、个人利益三者是矛盾统一的，当三者发生冲突时，主张应该牺牲个人利益，自觉地维护国家、集体利益。这就需要对劳动者进行思想政治教育，引导他们正确处理国家、集体和个人的三者价值关系。因为，重视物质利益虽然是生产和社会发展的动力，但是经济利益的获取不能成为社会生产的唯一目的。为避免一切活动都围绕金钱的获取，因此"……需要在群众

---

①　中共中央文献研究室编：《毛泽东文集》（第七卷），人民出版社1999年版，第67页。

②　中共中央文献研究室编：《毛泽东文集》（第七卷），人民出版社1999年版，第28页。

③　中共中央文献研究室编：《毛泽东文集》（第七卷），人民出版社1999年版，第221页。

中间经常进行生动的、切实的政治教育……"① 在毛泽东看来，国家、集体和个人利益的统一，是因为国家、集体的利益与人民的利益是一致的。只有国家利益实现了，国力增强了，个人的利益才能有根本的保障。毛泽东通过多种途径，让人民群众理解这种统一性，从而自觉做出个人利益和价值的牺牲。他认为，不能因为"……有些群众往往容易注意当前的、局部的、个人的利益。而不了解或者不很了解长远的、全国性的、集体的利益"②，在国家、集体、个人利益发生冲突时，不能自觉服从国家、集体利益。三者利益发生矛盾时，毛泽东主张个人利益服从集体利益、集体利益服从国家利益的价值原则，必要时甚至应该牺牲个人眼前利益，这在一定程度上削弱了广大人民群众生产、劳动的积极性。

（2）邓小平的价值观思想。邓小平 1975 年复出主持中央的全面整顿工作时，清楚地意识到发展经济建设、实现社会主义现代化应该成为社会主义建设的工作重心。在坚持毛泽东价值观"人民利益至上"根本原则时，提出"共同富裕"的目标，这就将个人利益与集体利益相统一，使得个人能够在与集体共同前进、共同致富中感受到价值统一。邓小平价值观思想还有一个重要的思想是抓好"两个文明"建设，即社会主义物质文明和精神文明建设。社会主义精神文明建设的提出，说明邓小平的价值观思想与毛泽东价值观思想一样，既认可个人利益，也强调社会主义建设不能全部"朝钱看"，为新时期共同价值理想的形成打下基础。

坚持人民利益至上根本价值论。与毛泽东价值观思想一样，邓小平价值观思想继续坚持了人民利益至上的价值取向。他指出："中国共产党员的含

---

① 中共中央文献研究室编：《毛泽东文集》（第七卷），人民出版社 1999 年版，第 236 页。

② 中共中央文献研究室编：《毛泽东文集》（第七卷），人民出版社 1999 年版，第 236 页。

意或任务，如果用概括的语言来说，只有两句话：全心全意为人民服务，一切以人民利益作为每一个党员的最高准绳。"① 在此基础上，邓小平指出中国共产党的各项工作开展应该围绕人民的利益和代表人民的利益。"总之，各项工作都要有助于建设有中国特色的社会主义，都要以是否有助于人民的富裕幸福，是否有助于国家的兴旺发达，作为衡量做得对或不对的标准。"② 从而将社会主义建设与人民幸福紧密联系在一起。

实现共同富裕的价值目标。早在 1978 年，邓小平就尖锐地指出："我们干革命几十年，搞社会主义三十多年，截至一九七八年，工人的月平均工资只有四五十元，农村的大多数地区仍处于贫困状态。这叫什么社会主义优越性？"③ 邓小平清楚地认识到社会主义不是贫穷，社会主义建设应该以经济建设为根本，这种经济建设与资本主义不同。社会主义经济以公有制为主体，采取这种生产方式是为了最大限度地满足广大人民群众的物质和文化需要。在改革开放初期，中国经济体制由计划经济向市场经济转变过程中，一部分人富起来。邓小平指出："社会主义的特点不是穷，而是富，但这种富是人民共同富裕。"④ 要允许一部分人先富起来，同时，提倡先富帮后富，最终使全体人民物质文化生活水平逐年提高，达到共同富裕的目标。这符合马克思主义价值观理论中提出的共产主义社会愿景：未来社会将以所有人的富裕和全面发展为目的，并希望建立人人平等、没有剥削压迫的美好社会。与毛泽东价值观思想中提出的国家、集体、个人利益"三兼顾"原则具有相同的价值取向，是中国共产党人对于马克思主义价值观理论的继承和发展。同时，邓小平在社会主义建设实践中坚持"共同富裕"指导思想，人民生活水平总体上实现温饱并逐步迈向小康，国家总体经济实力大大增强。

---

① 邓小平：《邓小平文选》（第一卷），人民出版社 1994 年版，第 257 页。
② 邓小平：《邓小平文选》（第三卷），人民出版社 1993 年版，第 23 页。
③ 邓小平：《邓小平文选》（第三卷），人民出版社 1993 年版，第 10-11 页。
④ 邓小平：《邓小平文选》（第三卷），人民出版社 1993 年版，第 265 页。

坚持个人利益与集体利益相统一的价值原则。邓小平始终坚持在社会主义制度下，个人利益与集体利益相统一的价值原则，个人利益不能离开集体利益，集体利益也不能完全代替个人利益。1979 年，他在《坚持四项基本原则》中就明确指出："……在社会主义制度之下，归根结底，个人利益和集体利益是统一的，局部利益和整体利益是统一的，暂时利益和长远利益是统一的。"① 在社会主义制度及生产资料公有制下，离开国家、集体利益只谈个人利益会损害国家、集体利益，最终损害的其实是个人利益，个人利益离开国家利益将不复存在。但是，他认为社会主义制度下的个人利益服从集体利益，并不是说集体利益等同于个人利益。"在社会主义制度之下，个人利益要服从集体利益，局部利益要服从整体利益，暂时利益要服从长远利益，但这种服从，绝不是说可以不注意个人利益，不注意局部利益，不注意暂时利益，而是因为在社会主义制度下，归根结底，个人利益和集体利益是统一的，局部利益和整体利益是统一的，暂时利益和长远利益是统一的"②。1980年，邓小平在回答外国记者提问中国共产党是否承认个人利益时，肯定地回答"承认"，指出在社会主义制度下，国家、集体、个人利益的统一，在分配制度上应该"实行各尽所能，按需分配，将更多地承认个人利益、满足个人需要"③。邓小平将利益统一与分配制度明确地区分开来，激励了广大人民群众的劳动积极性，最终促进了生产，发展了生产力，推动了社会主义社会的发展。

（3）江泽民的价值观思想。江泽民延续了第一、第二代领导人价值观思想的核心观点，提出了"三个代表"重要思想。他的价值观思想主要体现于《论"三个代表"》《在纪念党的十一届三中全会召开二十周年大会上的讲

---

① 邓小平：《邓小平文选》（第二卷），人民出版社 1994 年版，第 175 页。

② 张启华、张树军：《中国共产党思想理论发展史》（下卷），人民出版社 2011 年版，第 1193 页。

③ 邓小平：《邓小平文选》（第二卷），人民出版社 1994 年版，第 351–352 页。

话》《正确处理社会主义现代化建设中的若干重大关系》等著作中。

坚持人民利益至上根本价值论。人民利益高于一切是毛泽东、邓小平价值观思想的核心内容，也是中国共产党人执政的基础。改革开放后，中国逐步建立起社会主义市场经济体制。此时社会分化加剧，若干新的阶层开始形成，社会生产力在短期内有了较大的发展。在新的历史环境、国情下，如何更加合理地分配利益，成为亟待回答的重大理论课题。江泽民坚持人民利益至上根本价值论不动摇，指出："我们党始终坚持人民的利益高于一切。"[1]认为中国共产党全部工作的出发点和归宿应该是为人民谋利益，这是中国共产党的立党之本、执政之基。在此基础上，他将具体内容明确界定为"……在社会不断发展进步的基础上，使人民群众不断获得切实的经济、政治、文化利益。"[2] 而后，他进一步将为人民谋利益的价值取向具体化为广大人民群众的物质需求、精神需求和当家做主权利的需求。

满足最大多数人的利益。改革开放后，社会新阶层出现，促使江泽民对于"人民群众"的概念进行了重新界定，第一次提出了"有中国特色社会主义事业的建设者"的概念。这就将改革开放以后出现的个体户、私营企业主、受聘于外资企业的管理技术人员等新型从业人员都纳入中国特色社会主义事业建设者行列。将他们与工人、农民、知识分子、干部、解放军等一视同仁地视为中国特色社会主义事业的新建设者。这些新兴的阶层使中国面临前所未有的错综复杂的利益格局，中国共产党必须兼顾不同阶层的利益。在庆祝建党八十周年大会上，江泽民指出："……最重要的是必须首先考虑并满足最大多数人的利益要求，这始终关系党的执政的全局……"[3] 江泽民提出的"满足最大多数人的利益"是继承毛泽东、邓小平价值观思想的升华。

---

[1] 江泽民：《江泽民文选》（第三卷），人民出版社 2006 年版，第 280 页。
[2] 江泽民：《论"三个代表"》，中央文献出版社 2001 年版，第 160-161 页。
[3] 江泽民：《江泽民文选》（第三卷），人民出版社 2006 年版，第 279 页。

充分考虑和兼顾了改革开放后社会各阶层和各方面群众的需求，为新时期处理社会利益关系打下良好理论基础。

倡导"国家、集体、个人"三者利益相统一的价值原则。江泽民在分析了市场经济下人民群众利益多元化的客观情况后，指出"……随着改革的深化和市场经济的发展，物质利益的多样化是不可避免的，群众产生不同的利益要求也是不可避免的"①。明确了人民群众利益需求的复杂性和多元化思想。在此基础上，他指出，优先考虑最大多数人利益，因为"最大多数人的利益和全社会全民族的积极性创造性，对党和国家事业的发展始终是最具有决定性的因素"②。在江泽民执政时期，我国处于改革开放后社会深刻变革、党和国家事业快速发展的关键时期。应该在优先考虑大多数人利益的同时兼顾不同阶层、不同类型人民群众的利益，妥善处理好各方面的利益关系。这不仅关系到社会发展的和谐稳定，还关系到国家、民族的发展。只有倡导广大人民群众做好"三兼顾"，才有可能把一切积极因素充分调动和凝聚起来，最大限度激发社会的创造力和推动社会快速发展。

（4）胡锦涛的价值观思想。胡锦涛上任时，中国处在世纪交替之际，国内外局势变化让中国处在百年难遇的"重大机遇期"和各方矛盾突出的"复杂变化期"。中国在市场经济体制下，社会发生了巨变，地区发展不平衡带来的社会利益关系复杂性前所未有。人民群众的物质文化需求趋向多样化，统筹兼顾各方利益关系的难度加大等社会中一些亟待解决的矛盾也变得尤为突出。对此，胡锦涛提出了"立党为公、执政为民""权为民所用、情为民所系、利为民所谋"等一系列重要执政理念，坚持人民根本利益至上的价值原则，关注民生需求和民生保障，提出利益共享等重要思想。同时，他也意识到单纯地倡导国家、集体、个人利益统一已经不能满足人民群众精神文化

---

① 江泽民：《论"三个代表"》，中央文献出版社2001年版，第10页。
② 江泽民：《江泽民文选》（第三卷），人民出版社2006年版，第539页。

的需求，应该努力将利益共享、统筹分配等思想融入社会主义精神文明建设之中，提出了"社会主义核心价值体系"重要思想，为党的十八大以后提出"社会主义核心价值观""中国梦"等重要思想提供了理论基础。

继续坚持人民群众利益至上根本价值论。从毛泽东到邓小平再到江泽民，人民群众利益至上根本价值论是中国共产党对马克思主义价值观思想的重要发展和马克思主义中国化的重要表现。胡锦涛秉持中国共产党人的这一主要价值观思想，继续坚持人民群众利益至上根本价值论。在党的十七大报告中多次提到人民群众利益至上。同时还提出"科学发展观"这一重要思想。党的十七大报告在《中国共产党章程》总纲中再一次明确指出，"中国共产党是中国工人阶级的先锋队……代表中国最广大人民的根本利益"。还提出"高举中国特色社会主义伟大旗帜……是全国各族人民的根本利益所在"[①]。在论述科学发展观时多次指出，实现最广大人民的根本利益是党和国家一切工作的出发点和落脚点，等等。这充分论述了中国共产党和中国社会主义事业的最终目的都是广大人民的根本利益这一不变的价值观思想。

关注民生、利益共享。第一，关注民生，改善民生。在胡锦涛主政时期，地区发展、行业发展不平衡带来的社会各方利益关系复杂性前所未有，如何处理好分配的问题考验着中国共产党。胡锦涛将民生问题作为广大人民群众的"现实利益""切身利益"来对待，认为民生是全心全意为人民服务这一党的宗旨的根本体现，认为"群众利益无小事。凡是涉及群众的切身利益和实际困难的事情，再小也要竭尽全力去办"[②]。他还在党的十七大报告等重要论述中多次谈到改善民生的方式、途径应该具体体现在扩大公共服务、完善社会管理、促进社会公平等方面。努力使全体人民学有所教、劳有所

---

① 引自中国共产党第十七次全国代表大会上的报告《高举中国特色社会主义伟大旗帜 为夺取全面建设小康社会新胜利而奋斗》。
② 胡锦涛：《胡锦涛文选》（第二卷），人民出版社 2016 年版，第 58 页。

得、病有所医、老有所养、住有所居。尊重和鼓励个人经济利益的增加。倡导改革发展是要落实到给每一个人带来实实在在的利益，要"实现人均国内生产总值到2020年比2000年翻两番"①。明确地提出了"人均"的概念，不再将个人利益掩盖在国家、集体利益之下，尊重和鼓励个人利益的获得，增强广大人民群众的获得感和幸福感。第二，利益共享、统筹分配。在人均生产总值的基础上，胡锦涛提出发展成果人民共享统筹兼顾各种利益关系——这是在邓小平"共同富裕"、江泽民"满足最大多数人利益"价值观理论基础上发展出来的。这种利益共享除了体现在经济建设上，还体现在"不断提高人民的社会质量和健康水平上，体现在不断提高人民的思想道德素质和科学文化素质上，体现在充分保障人民享有的经济、政治、文化、社会等各方面权益……"② 处于世纪之交的中国，利益格局日趋复杂，统筹兼顾各类利益关系，继承了毛泽东、邓小平、江泽民对于利益分配的国家、集体、个人"三兼顾"原则。

提出社会主义核心价值体系，加强文化共识，凝聚共同理想。社会主义核心价值体系首次提出是在2006年10月召开的中共十六届六中全会上通过的《中共中央关于构建社会主义和谐社会若干重大问题的决定》（以下简称"决定"）中。"决定"指出："建设和谐文化，是构建社会主义和谐社会的重要任务。社会主义核心价值体系是建设和谐文化的根本。"③ 同时指出社会主义核心价值体系建设的目的是"建设社会主义核心价值体系，形成全民族

---

① 引自中国共产党第十七次全国代表大会上的报告《高举中国特色社会主义伟大旗帜为夺取全面建设小康社会新胜利而奋斗》。

② 中共中央宣传部理论局编：《科学发展观学习读本》，学习出版社2006年版，第14页。

③ 中共中央文献研究室编：《十六大以来重要文献选编》（下），人民出版社2008年版，第660页。

奋发向上的精神力量和团结和睦的精神纽带"①，主要内容是"马克思主义指导思想，中国特色社会主义共同理想，以爱国主义为核心的民族精神和以改革创新为核心的时代精神，社会主义荣辱观，构成社会主义核心价值体系的基本内容"②。从中可以看出，社会主义核心价值体系的提出是新时期构建社会主义精神文明的手段，是提高全体公民思想政治素质的有效方式。社会主义核心价值观体系主要是通过倡导爱国主义、集体主义、社会主义思想，加强广大人民群众理想信念教育、国情和形势政策教育，目的是不断增强广大人民对中国共产党领导、社会主义制度、改革开放事业、全面建设小康社会目标的信念和信心。以社会主义核心价值体系引领社会思潮，尊重差异，包容多样，最大限度地形成社会共识。而后几年中，中国共产党不断通过对社会主义核心价值体系的阐释和实践来加强这种共识，凝聚公民共同理想。在 2007 年 10 月党的十七大报告中，胡锦涛提出人民群众对于文化生活的需求以及文化实力对于综合国力提升的重要性，论述了建设社会主义核心价值体系与社会主义精神文化建设的关系，认为"建设社会主义核心价值体系，增强社会主义意识形态的吸引力和凝聚力。社会主义核心价值体系是社会主义意识形态的本质体现"③。

胡锦涛意识到，简单地提倡国家、集体、个人三者利益统一已经不能够满足当下中国社会各类利益关系复杂、利益格局变化的新状态。必须用公民思想道德素质的培育和建设把爱国主义、集体主义、社会主义这个中国特色社会主义意识形态的基本价值取向落实到每一个普通公民。2011 年 10 月召

---

① 中共中央文献研究室编：《十六大以来重要文献选编》（下），人民出版社 2008 年版，第 661 页。

② 中共中央文献研究室编：《十六大以来重要文献选编》（下），人民出版社 2008 年版，第 661 页。

③ 中共中央文献研究室编：《十七大以来重要文献选编》（上），人民出版社 2009 年版，第 26 页。

开的党的十七届六中全会通过的《中共中央关于深化文化体制改革推动社会主义文化大发展大繁荣若干重大问题的决定》，提出"社会主义核心价值体系是兴国之魂，是社会主义先进文化的精髓，决定着中国特色社会主义发展方向"①。明确将社会主义核心价值体系作为社会主义先进文化和中国特色社会主义发展方向，足以看出社会主义核心价值体系建设在凝聚中国人民共同思想道德基础上发挥的作用，这也为后续"社会主义核心价值观""中国梦"的提出打下理论基础。

（5）习近平对马克思主义价值观理论的继承、发展与创新。党的十八大以后，习近平作为党和国家的主要领导人，不仅肩负着带领各族人民奔赴小康重要责任，还肩负着实现中华民族伟大复兴的重要使命。因此，在胡锦涛提出的社会主义核心价值观体系的基础上，提出了"社会主义核心价值观"，不仅明确了"国家、社会、个人"三者在利益共享方面的一致性，还明确了三者在价值取向、文化共识、生活层面等各个层面的互补和一致性，提出"中国梦"这个代表中华民族整体利益的重要思想。"中国梦"不仅将国家、民族（社会）和个人的利益紧密联系在一起，还是中华儿女团结奋进的精神旗帜，是全体中国人民共同的理想，代表的是全体中国人民的共同利益。

社会主义核心价值观的提出是"国家、社会、个人"价值三位一体思想基础。社会主义核心价值观首次提出是在 2012 年党的十八大报告中。胡锦涛在谈到扎实推进社会主义文化建设时，提出"广泛开展理想信念教育，把广大人民团结凝聚在中国特色社会主义伟大旗帜之下。大力弘扬民族精神和时代精神，深入开展爱国主义、集体主义、社会主义教育，丰富人民精神世界，增强人民精神力量。倡导富强、民主、文明、和谐，倡导自由、平等、公正、法治，倡导爱国、敬业、诚信、友善，积极培育和践行社会主义核心

---

① 中共中央文献研究室编：《十七大以来重要文献选编》（下），人民出版社 2013 年版，第 564 页。

价值观"①。从具有中国特色的社会主义主要价值导向进行规范和界定，拓展至从国家、社会和个人三个层面进行具体内容的引导和规范。为明确社会主义核心价值观和社会主义核心价值体系的关系，党的十八大以后，中共中央办公厅于2013年12月专门印发《关于培育和践行社会主义核心价值观的意见》的通知（以下简称"意见"）指出，"社会主义核心价值观是社会主义核心价值体系的内核，体现社会主义核心价值体系的根本性质和基本特征，反映社会主义核心价值体系的丰富内涵和实践要求，是社会主义核心价值体系的高度凝练和集中表达"②。这就说明社会主义核心价值观是社会主义核心价值体系的传承，目的是将广大人民凝聚在中国特色社会主义共同理想之下。同时，社会主义核心价值观又是社会主义核心价值体系的内核，将社会主义核心价值体系进行凝练，是其丰富内涵的升华体现。"意见"还指出了培育和践行社会主义核心价值观的重要意义，"是推进中国特色社会主义伟大事业、实现中华民族伟大复兴中国梦的战略任务。……积极培育和践行社会主义核心价值观，对于巩固马克思主义在意识形态领域的指导地位、巩固全党全国人民团结奋斗的共同思想基础，对于促进人的全面发展、引领社会全面进步，对于集聚全面建成小康社会、实现中华民族伟大复兴中国梦的强大正能量，具有重要现实意义和深远历史意义"③。从"两个文明"建设到党的十五大以后精神文明建设，体现为公民思想政治素质和公民道德素质的培育，再到社会主义核心价值体系的提出，社会主义核心价值观的传承，都是我党凝聚全社会价值共识的成果。这个成果是改革开放和发展社会主义市场

---

① 中共中央文献研究室编：《十八大以来重要文献选编》（上），人民出版社2014年版，第25页。

② 中共中央文献研究室编：《十八大以来重要文献选编》（上），人民出版社2014年版，第578页。

③ 中共中央文献研究室编：《十八大以来重要文献选编》（上），人民出版社2014年版，第578-579页。

经济体制下思想政治建设的体现，更是未来对于全面建成小康社会、实现中华民族伟大复兴中国梦的重要保障。"意见"还指出，"培育和践行社会主义核心价值观的指导思想是：……紧紧围绕坚持和发展中国特色社会主义这一主题，紧紧围绕实现中华民族伟大复兴中国梦这一目标，紧紧围绕'三个倡导'这一基本内容，……使社会主义核心价值观融入人们生产生活和精神世界，激励全体人民为夺取中国特色社会主义新胜利而不懈奋斗"①。培育和践行社会主义核心价值观的指导思想特别指出了要使社会主义核心价值观融入人们生产生活和精神世界。同时指出培育和践行社会主义核心价值观要坚持的原则应是："坚持以人为本，尊重群众主体地位，关注人们利益诉求和价值愿望，促进人的全面发展；坚持以理想信念为核心，抓住世界观、人生观、价值观这个总开关，在全社会牢固树立中国特色社会主义共同理想，着力铸牢人们的精神支柱……"② 这些原则说明，我党在推进社会文化建设，树立具有中国特色社会主义理想时，将属于国家、社会层面的理想信念教育落实到每一个人的利益诉求和价值愿望，落实到正确树立每一个人的世界观、人生观、价值观。社会主义核心价值观的提出，让每一个公民认识到，"国家、社会、个人"在价值取向、文化共识、生活层面等方面具有高度的互通性和互补性，是"国家、社会、个人"价值三位一体思想的理论基础。

2012 年 11 月，习近平总书记在参观中国国家博物馆举办的《复兴之路》展览的讲话中说："每个人都有理想和追求，都有自己的梦想。现在，大家都在讨论中国梦，我以为，实现中华民族伟大复兴，就是中华民族近代以来最伟大的梦想。这个梦想，凝聚了几代中国人的夙愿，体现了中华民族和中国人民的整体利益，是每一个中华儿女的共同期盼。历史告诉我们，每个人

---

① 中共中央文献研究室编：《十八大以来重要文献选编》（上），人民出版社 2014 年版，第 579 页。
② 中共中央文献研究室编：《十八大以来重要文献选编》（上），人民出版社 2014 年版，第 579 页。

的前途命运都与国家和民族的前途命运紧密相连。国家好，民族好，大家才会好。"① 实现民族复兴已经成为中华儿女的共同理想，这个共同理想也是新时期构建社会主义精神文化中的中国特色社会主义共同理想。中华民族的伟大复兴与每一个人的理想、追求连在一起。"国家、民族、个人"三者在利益上的统一扩展到"国家、社会、个人"三者在实现民族伟大复兴上的思想共识上。这个共识体现了中国特色社会主义的重要价值取向，即个人的前途命运与民族、国家的前途命运"三位一体"。与社会主义核心价值观中倡导的"国家、社会、个人"三个层面的价值具有内在相通性和一致性，是在充分尊重个人利益的基础上，强调三者的多层面的统一。"中国梦"不是空穴来风，它是爱国主义、集体主义、社会主义在新的历史时期的全新阐释。2013 年 3 月 17 日，习近平进一步将"中国梦"的基本内涵阐述为："实现全面建成小康社会、建成富强民主文明和谐的社会主义现代化国家的奋斗目标，实现中华民族伟大复兴的中国梦，就是要实现国家富强、民族振兴、人民幸福，既深深体现了今天中国人的理想，也深深反映了我们先人们不懈追求进步的光荣传统。"② "中国梦"归根到底是人民的"幸福梦"，其核心和主要目的是安居乐业、生活幸福。它体现了集体利益与个人利益的高度统一，都有自己的梦想和价值追求，充分尊重了每一个普通公民。党和政府特别重视教育和引导青年人，支持青年将人生理想与民族伟大复兴相结合，希望"广大青年要勇敢肩负起时代赋予的重任，志存高远，脚踏实地，努力在实现中华民族伟大复兴的中国梦的生动实践中放飞青春梦想。……中国梦是全国各族人民的共同理想，也是青年一代应该牢固树立的远大理想。中国特色社会主义是我们党带领人民历经千辛万苦找到的实现中国梦的正确道路，

---

① 习近平：《习近平谈治国理政》，外文出版社 2014 年版，第 36 页。
② 习近平：《习近平谈治国理政》，外文出版社 2014 年版，第 39 页。

也是广大青年应该牢固确立的人生信念"①。教导和鼓励青年人树立远大理想、确立正确的人生信念，能够将自身利益与民族、国家利益相结合，做到将"国家、社会、个人"价值三位一体思想融入自我发展中。人民群众是历史的主体和创造者，历史是由人民推动和创造的。每一个人为共同梦想而努力奋斗，就是在推动社会、推动集体、推动国家的发展和进步。由社会主义核心价值体系到社会主义核心价值观再到"中国梦"的提出，无一不是在提倡以爱国主义、社会主义、集体主义为核心的"国家、社会、个人"价值三位一体，具有中国特色的价值取向。社会主义核心价值观的"三个倡导"，显现中华民族对于个体梦想和价值追求的尊重在不断提升。随着改革开放的深入和社会的发展，个体不再被当作集体的"附庸"存在，也不再被"人民群众"这个抽象概念所淹没，它的历史地位和作用完全被展示和体现在"中国梦"中。青年更应该在择业就业中担负起时代使命，树立正确"三观"，在充分满足自身理想需求的同时，主动将个人命运融入国家、民族前途命运中。

三、"国家、社会、个人"三位一体价值观贯穿高校就业历史进程

中华人民共和国成立后，青少年作为社会主义建设者和接班人，党和国家重视其思想政治教育工作，尤其是注重以理想信念为核心、爱国主义为基础的"三观"教育，核心是"国家、社会、个人"三位一体价值体系。高校就业政策和就业观的引导始终在"三观"教育指引下，紧紧围绕着这个价值体系展开。无论是中华人民共和国成立初期的"个人服从集体"就业原则，还是进入21世纪的"强调个人发展为主"的就业原则，都秉持了我国社会主义精神文明建设中集体利益与个人利益相统一的价值取向。这样一种思想

---

① 习近平：《习近平谈治国理政》，外文出版社2014年版，第50页。

虽然在不同的历史阶段有着不同的表现形式，但都为我国建设、改革、发展各项事业培养输送人才贡献了力量。

（一）"个人利益服从国家利益"的"统分统招"阶段（1950—1985年）

经历过文化大革命、拨乱反正的时期后，我国进入一个相对稳定和发展的历史时期，将经济建设作为重要任务，我国社会、经济、教育等各个层面，开创了一个新的局面。全心全意为人民服务这个我党的根本宗旨是整个社会主义精神文明建设的核心指导思想。围绕着这个指导思想，我党在这个时期尤其重视对青少年思想政治教育，其中树立正确"三观"是核心内容。高校就业政策根据国家经济建设发展的需要不断调整，毕业生就业观念引导伴随高校就业政策不断发展变化，以"国家、社会、个人"价值三位一体为核心的"三观"教育，引导大学毕业生将个人利益与国家利益结合，为经济发展提供人才。

自1950年中华人民共和国的第一批大学生毕业，到1985年这30多年的时间，我国大学毕业生的就业模式一直都是"统分统招"。究其原因在于中华人民共和国成立以后国力有限，国家利用有限的资源进行统一招生，再由国家财政划拨经费进行统一培养。此时高等教育首要目的是适应国家建设的需要，培养出来的人才自然也必须满足国家建设的需要。个别地区还有一些指标以生源地需求进行分配，采取"哪儿来哪儿去"的原则，也是为了适应地区的需要。1977年我国正式恢复高考制度，国务院在《关于做好1978年普通高等学校毕业生调配工作的意见》中明确提出，"对不顾国家需要，无理坚持个人要求，经过耐心教育拒不服从分配的毕业生，取消毕业生分配资格，以后不再按毕业生对待"，将"统分统招"的就业制度以文件的形式固定了下来。"统分统招"就业政策在当时完全符合我党"为人民服务"这个宗旨。大学生作为我党培养的未来社会主义的接班人，除了专业知识的学习，还必须接受包括爱国主义、集体主义、共产主义教育在内的思想政治教育。其中共产主义思想是指导方针，指导社会主义现代化建设的方向，更是社会发展保持前进的动力。其核心内容就是倡导公民"……养全心全意为人民服务的劳动态度和工作态度，把个人利益同集体利益、国家利益结合起来，把目前利益同长远利益结合起来，并使个人的目前的利益服从共同的长远的利益"①。这个时期的高校大学生就业分配以"个人服从集体"为基本原则，就业价值观引导则提倡将国家、人民利益放在第一位。要求高校大学生彻底服从国家建设需要，服从国家分配，"国家、社会、个人"价值三位一体此时集中体现在就业分配服从原则上。这是集体主义思想的表现，它表现在以共产主义思想为核心，在处理个人和社会、个人同国家的关系时，"……按照社会主义、集体主义原则来处理公民个人同国家和社会的关系、同其他公民的关系……"② 符合当时的国情需要。高校开展了与共产主义思想教育相一致的各类座谈会、宣讲会，号召大家积极响应"国家利益高于一切""到农村去，到边疆去，到最艰苦的地方去，到党和人民最需要的地方去"。目标是：确保大学毕业生到祖国最需要的地方建功立业，为国家各项建设的人才需求提供保障。事实证明，当年的大学毕业生在分配到各地后，为当地做出了巨大的贡献。

"个人服从集体"这个原则使得这个时期大学生就业价值观引导强调大学生把为共产主义奋斗、建设社会主义社会作为实现人生价值的目标，即青少年应该"为共产主义事业奋斗终生"。强调集体为主，甚至将个人利益与集体利益画了等号，倡导大学生走集体道路，在集体中实现个人价值，"无私奉献"成为大学毕业生实现人生的最大追求。因此多数大学生在毕业分配

---

① 中共中央文献研究室编：《十二大以来重要文献选编》（上），人民出版社 1986 年版，第 150 页。

② 中共中央文献研究室编：《十二大以来重要文献选编》（上），人民出版社 1986 年版，第 151 页。

时所持有的观念都为"人民送我上大学，我上大学为人民""志在四方，四海为家，哪里需要，哪里安家"。这个时期的大学生就业价值观引导的政治色彩较为浓厚，实效性较强。改革开放初期各行各业都将大学毕业生作为发展的保障，对于人才的缺乏也让各行各业将大学毕业生作为骨干；无数大学毕业生在其中找到自己的位置，埋头苦干，安家立业。

（二）"个人利益适应国家需要为主，社会需要为辅"的就业制度调整阶段（1985—1989 年）

这个时期我国社会主义精神文明建设的根本任务"是适应社会主义现代化建设的需要，培育有理想、有道德、有文化、有纪律的社会主义公民，提高整个中华民族的思想道德素质和科学文化素质"①。尤其注重对知识分子、企业职工、各级领导干部、党员进行共产主义共同理想教育、共产主义道德教育，也是此阶段"三观"教育的重要组成部分。共产主义理想信念教育是这个时期高校学生"三观"教育的主要内容。此时理想信念教育核心与上一个时期相同，倡导"……要全心全意为人民服务，摆正个人同集体的关系，个人利益服从人民利益，必要时为了人民利益而自觉地牺牲个人利益"②。但高等教育在培养目标上有了较为明显的转变，不再是完全为各行各业提供人才，同时还担负着发展科学技术的任务。因此高等教育必须具有适应社会经济发展的能力和积极性，所培养的人才也能够有主动适应社会经济发展的多样性。高等教育的毕业生分配体制开始从"个人利益服从共同利益"为原则的"统分统招"阶段转向以"国家需要为主、社会需要为辅"的就业制度调整阶段。

1985 年 5 月，《中共中央关于教育体制改革的决定》中指出，"要改革大

---

① 中共中央文献研究室编：《十二大以来重要文献选编》（下），人民出版社 1988 年版，第 1176 页。

② 中共中央文献研究室编：《十二大以来重要文献选编》（下），人民出版社 1988 年版，第 1108 页。

学招生的计划制度和毕业生分配制度。改变高等学校全部按国家计划统一招生，毕业生全部由国家包下来分配的办法，实行以下三种办法：一、国家计划招生。……二、用人单位委托招生。……三、还可以在国家计划外招收少数自费生"。国家计划招生的毕业生分配方式也陆续"……实行在国家计划指导下，由本人选报志愿、学校推荐、用人单位择优录用的制度"①。高校大学生毕业分配的原则逐步从不考虑本人意愿，甚至如果不服从分配取消分配资格的强制性原则转变为尊重本人、学校、用人单位三方的意见。三种形式互为补充，有效体现了这个阶段高等教育培养人才的目的主要是应对国家建设的需要为主、社会需要为辅。这为国家推行"双向就业"制度打下了基础。这样一种分配制度的变化，顺应了改革开放社会主义经济建设的社会需求。改革开放初期，大量用人单位对大学毕业生提出了需求。随着我国改革开放的深入，越来越多的大学毕业生希望能够将工作与自身情况相结合，不再满足于国家分配。

大学毕业生的分配制度顺应社会的发展，有了历史性的转变，但我国社会主义精神文明建设的本质和核心并没有改变。此时，高等教育中针对大学生的"三观"教育仍然遵从"国家、社会、个人"价值三位一体的统一性原则，在充分考虑大学生的实际和国家需要的情况下，在学生毕业时倡导"我是革命一块砖，哪里需要哪里搬""我是革命的一颗螺丝钉""到三线建设一线去""一颗红心两手准备""祖国的需要就是我的志愿""以优异的成绩接受祖国的挑选"，积极引导大学毕业生到偏远地方建功立业。这个时期"三观"教育在大学生就业中发挥了重要的引导作用。在充分考虑大学毕业生个体情况的同时，也确保毕业生能够适应国家的需要，到一些偏远地区扎根。改革开放初期，我国有一部分地区和人民先富了起来，也有一部分地区依然

---

① 中共中央文献研究室编：《十二大以来重要文献选编》（中），人民出版社 1986 年版，第 731 页。

处于贫穷落后的状态。由于高校"三观"教育倡导个人价值与社会价值、国家价值相统一，对于大学毕业生就业价值观的重要引导作用，有部分大学毕业生选择到贫困落后的地区和艰苦行业中去。

（三）"个人、集体、国家利益相结合"的"双向选择"就业制度阶段（1989—1998年）

这个时期是中国的社会主义市场经济体制建立的时期，在这样一个过程中，社会生产力得到持续发展。发展社会主义市场经济的目标，是实现人民的共同富裕。思想政治教育工作在这个时期有了一些新的内容和变化，其中党员干部的思想政治工作，从强调个人服从集体转变为自觉维护党和国家的整体利益。从个人服从国家利益、以国家利益为主变为"正确处理国家、集体、个人三者利益关系"①。这说明我国社会主义精神文明建设出于对于个人利益的尊重，认为个人不是集体、国家的附属品，不应该完全强调个人必须消融在集体之中。

随着社会主义市场经济制度的建立和完善，与经济建设相适应的我国高校大学生就业制度在这个阶段有了明显的变化，由"统分统招"过渡到"双向选择"阶段。"双向选择"就业制度的首次提出是在1988年国家教委《关于改革1988年毕业生分配工作的通知》："要逐步实行在国家分配方针政策指导下，毕业生选择职业，用人单位择优录用的双向选择制度。"1989年国家教委《关于改革高等学校毕业生分配制度的报告》中提出《高等学校毕业生分配制度改革方案》。该报告中说道："我国现行的高等学校毕业生分配制度是在建国初期形成并逐渐发展、延续下来的。这种制度与我国当时高度集中的、以产品经济为基本模式的经济体制相适应，在历史上曾起过积极作用。但是，这种以统和包为特征的毕业生分配制度存在着一些明显的弊端，

---

① 中共中央文献研究室编：《十四大以来重要文献选编》（中），人民出版社1997年版，第1522页。

不利于调动学生学习、学校办学、用人单位合理使用人才的积极性。……必须改革现行的高等学校毕业生分配制度。"① 中华人民共和国成立初期，我国利用有限的资源培养出来的大学生服务于国家，"统分统招"制度作为当时的就业政策曾经起过积极的作用。但是随着改革开放的深入，我国经济体制由社会主义计划经济改为社会主义市场经济，"统分统招"制度已经不能适应这个变化，因此必须改革高校大学生分配制度。"方案"中明确提出逐步将大学毕业生计划分配就业制度改为社会选择就业，改变了"统分统招"的就业分配制度。自此，"双向选择"就业制度开始在全国各大高校推行，各地高校开始实施"双选会"，搭建起用人单位和学生面对面交流的平台。

改革开放时期，大学生的择业观和就业观有了极大的变化。"下海""出国"成了热词，到沿海地区和经济特区、外资企业就业的人数不断增加，经济收入和福利待遇是他们选择这些地方的主要原因。与之形成鲜明对比的是，国家一些基础行业和欠发达地区却少有人问津，大学毕业生不再像以前那样愿意到这些偏远地区和基础行业实现自己的人生价值。这个时候的"三观"教育的核心仍然是倡导"国家、社会、个人"价值相统一，教育高校大学生应该"……把个人成材同国家前途、社会需要结合起来，形成爱党爱国、关心集体、尊敬师长、勤奋好学、团结互助、遵纪守法的风气"②。"国家、社会、个人"价值三位一体的"三观"教育在大学生就业上不再具有强制性，高校就业教育将大学生的人生价值与国家需要相联系，倡导毕业生"以主人翁的精神，把个人理想、志向与祖国的美好前途联系起来"。希望大家能够服务于国家需要，在国家需要的地方建功立业，引导大学生能够正确看待个人就业和国家需要之间的关系，紧跟社会主义精神文明建设步伐，力

---

① 何东昌主编：《中华人民共和国重要教育文献》（1949—1975），海南出版社 1998 年版，第 2849 页。

② 中共中央文献研究室编：《十四大以来重要文献选编》（下），人民出版社 1999 年版，第 2057 页。

图将"国家、社会、个人"三者价值内涵传达给大学生。

（四）"自主择业"就业制度阶段及"双创"精神提出（1998 年至今）

"自主择业"是在 1993 年的中国共产党第十四次全国代表大会上发布的《中国教育改革和发展纲要》中第一次提出的：少数毕业生由国家安排就业，多数毕业生"自主择业"。明确了除对师范学科和某些艰苦行业、边远地区的毕业生实行定向就业外，大部分毕业生通过人才劳务市场"自主择业"。"自主择业"与"双向选择"二者在就业主体上有了本质的区别。"双向选择"更倾向于搭建毕业生和用人单位之间的桥梁，建立双方互通的制度，应该说是"统分统招"和"自主择业"之间的过渡。"自主择业"则是以大学毕业生为就业主体，改变了以国家的需要为人才分配的原则，尊重人才的从业、发展的意愿，体现了"以人为本"的用人观念。各地高校主管就业的部门也将工作重心由分配就业转到为毕业生和用人单位提供各类服务上面，提供就业信息、协助就业、为用人单位做好毕业生推荐等。

进入 21 世纪以来，随着高等教育逐渐从精英教育转向大众教育，国际经济形势不稳、金融危机等多重因素，导致我国大学毕业生面对前所未有的就业压力。不少大学生为逃避就业的压力，兴起"考研热""公务员热"。面对大学生就业观念的变化，国家出台了一系列的政策，引导高校大学生到西部，到祖国需要的地方去。2004 年中央 16 号文件《关于进一步加强和改进大学生思想政治教育的意见》提出要帮助大学生树立正确的就业观念，要引导毕业生到基层、到西部、到祖国最需要的地方建功立业。说明此时的"国家、社会、个人"价值三位一体的"三观"教育在就业价值引导上仍然是统一的、不过时的。高校就业教育主要体现在不断引导大学毕业生树立正确的择业观和就业观，引导大学毕业生充分考虑自身成才和发展的需要相结合。但就业价值观引导作为高校思想政治教育的一项工作被提出是在 2009 年，教育部发出的《教育部办公厅关于加强普通高等学校就业思想政治教育的通知》中明确将大学生就业过程中就业观念的引导作为高校思想政治教育工作中的一项重要任务。大学生就业工作不仅是保障大学生就业信息获取、就业过程的管理服务，还应该从就业观念引导方面开展各项工作。大学生就业价值观教育得到了前所未有的重视，在鼓励大学生将人生价值的实现同国家发展相结合，引导新时代大学生前往基层就业方面发挥了巨大的作用。

党的十八大以来，高校毕业生就业工作得到党和国家的高度重视，引导大学生自觉将个人理想和国家需要相结合，对引导和鼓励高校毕业生到基层工作提出了明确要求。中央出台了一系列鼓励高校毕业生到基层服务的计划，包括"大学生村官"、"农村教师特岗计划"、"三支一扶"计划、"志愿服务西部计划"和"农技特岗计划"等。同时，还要求各高校"要强化对在校大学生的理想信念教育和思想教育，引导高校毕业生切实转变择业观念，树立科学的就业观和成才观。……增强对国情、社情、民情的了解，自觉把个人理想同国家与社会需要紧密结合起来，激发高校毕业生到基层就业创业的热情"①。中央还陆续出台一系列政策引导高校毕业生以创业带动就业，鼓励大学生进行创业的尝试。2015 年，李克强在政府工作报告中明确提出"大众创业，万众创新"的"双创"精神，之后，"三观"教育在就业这个问题上又增加了一个新的内容，即创新精神的引领。时代的发展和社会的进步让"三观"教育随着时代的发展注入新的活力和教育内容，但"国家、社会、个人"价值三位一体价值取向始终是"三观"教育的核心，这是国家发展的需要和时代进步的需要，也是人才发展的需要，更是实现中华民族伟大复兴的需要。

---

① 《中共中央办公厅　国务院办公厅印发〈关于进一步引导和鼓励高校毕业生到基层工作的意见〉》，中国政府网，2017 年 1 月 24 日，http：//www. gov. cn/zhengce/2017-01/24/content_ 5163022. htm.

四、小结

从中国传统文化的"家国情怀"到新民主主义革命时期建立的人民共和国，"国家、社会、个人"价值三位一体的价值取向由来已久，也是具有中国特色社会主义文化的理论基础。马克思主义价值观理论在我国本土化后，历代党的领导人都对其核心内容有所继承与发展。中华人民共和国成立以来，以"国家、社会、个人"价值三位一体思想为核心的"三观"教育一直伴随着大学生就业制度的变化，不断引导大学毕业生将个人利益与国家利益结合。其核心内容为：以中华民族伟大复兴的共同理想为核心、以集体主义精神为价值、以人民服务为己任。这就要求大学生在就业中践行"国家、集体、个人"三位一体价值取向。那么，当前大学生对就业问题的认识、就业价值观是否与党和国家的要求一致？就业选择是否适应党和国家对于人才发展的需要？他们的就业价值观受到哪些因素影响？将通过随后的质性研究、定量研究方式进行探讨。

第三章 03

| 大学毕业生的就业价值观 |

2016 年 3 月，中山大学的博士、壮族女子韦慧晓本着"能够干一份关乎民族崛起的大事业，这是人生最幸运的事情"的想法，毕业后放弃百万年薪选择加入辽宁舰当一名普通的航母舰员的故事被媒体争相报道。与前面提到的"疯狂跳槽"的大学毕业生不同，她坚定地认为个人事业选择应与国家的前途命运紧紧地结合在一起，因此博士毕业后选择了入伍。无疑这是正确"三观"下做出的谨慎、明确的择业选择，也是符合党和国家对于大学生就业要求的。可是做出这样选择的大学生在当前似乎凤毛麟角。一项针对从业动机的调查显示，"只有 7.9% 的人认为从业是为了对社会贡献大，而更多的人则是为了'工作稳定'或受种种其他利益的驱动"①。那么大学生的从业目的是否也是为了工作稳定或个人利益至上呢？大学毕业生"裸辞"、"闪辞"、无价值感、迷茫背后是否由其错误的"三观"引发的呢？本章关注 50 岁以下的大学毕业生的就业价值观，通过深度访谈，使用质性研究中的类别分析法，探究大学毕业生就业价值观结构和影响因素，为下一章使用定量研究方法在高校大学生中开展广泛调查提供理论支持。

一、深度访谈

根据前期思路，本章主要在质性研究的框架下进行调研。根据质性研究的既定流程，此部分研究主要分为以下四个阶段：（1）发现研究问题；（2）访谈数据收集；（3）访谈数据处理；（4）理论构建。本章将根据以上几个阶段对毕业生的就业价值观进行分阶段研究。前期数据收集的过程中较少参考相关理论文献，而是对现有的数据进行不断比较分析，从而进行理论重建。本书力图在质性研究方法论下立足于现有数据开展类别分析，从而达到理论构建的目的。

---

① 肖平、朱孝红：《职业道德现状与职业道德教育的边缘化》，《高等工程教育研究》2004 年第 5 期。

（一）深度访谈的各个阶段

第一阶段：发现研究问题。根据前期的资料搜集，笔者的调研兴趣主要集中在大学生就业价值观问题与"三观"关联性、影响因素两个部分。在前期的文献梳理中，发现大部分国内学者将大学生就业价值观问题的研究对象集中在高校即将毕业的毕业班学生中，关于毕业生就业价值观鲜有涉及。事实上，在校大学生在参与调查时，可能一部分学生刚刚找到工作，一部分还在等待签约，一部分可能面对两个及以上选择还很迷茫，甚至还有一部分则还没找到工作。因此"现有研究的调查对象往往正处在就业的过程中，就业对他们中的许多人来说还是'未来时'或'正在进行时'，而不是'现在完成时'。在调查时真正完成就业的只是样本中的一部分"①。所以调查对象有着一定局限性。由于大学毕业生的"三观"往往相对稳定，更能反映其就业价值观真实情况。国外对于大学毕业生的就业价值观研究较之在校大学生研究数量多得多，故本书在定性访谈部分将研究焦点集中在大学生在毕业后的就业过程中择业观念变化过程，以探究就业价值观结构和影响因素等。根据前期内容编制了针对大学毕业生的访谈提纲，根据具体情况不断进行修订和调整。具体访谈提纲见附录1。

第二阶段：访谈数据收集。根据质性研究的程序，首先进行目的性抽样。根据本研究的目的和性质，笔者首先选择了前述深入接触的四川某高校毕业生张某作为1号案例，将其命名为A同学（为尊重受访者的意愿，本书隐去所有受访者的真实信息）。出生于1987年的A同学毕业于2009年，截至访谈日期（2019年12月），在10年中更换了5份工作。在对访谈对象进行深入采访后，发现其非常具有代表性，符合目的性抽样基本要求。在对访谈对象进行研究过程中，经过数据的开放性编码，相关核心范畴逐步涌现，

① 风笑天：《我国大学生就业研究的现状与问题——以30项重点经验研究为例》，《南京大学学报》（哲学·人文科学·社会科学版）2014年第1期。

但单一的样本肯定难以使多个范畴达到饱和，因此选取 2 号研究对象进行研究。2 号访谈对象选取原因是其符合多次求职、职业生涯过程中的"三观"有明显转变等特点。在访谈完这两个典型案例后，遵照不同年龄段、不同职业、不同地域、不同性别、不同职位等信息选择了第 3—10 号案例。访谈的形式基本为当面访谈，如在外地不便当面访谈的研究对象则采用微信视频的方式进行访谈。

所有访谈完成后，总计整理访谈录音文稿近 15 万字。为了获得完整的访谈数据资料以备后续资料保存和研究，在访谈之前全部征求了研究对象本人意见并对访谈进行录音，且向访谈对象进行了保密承诺。承诺本书将充分尊重访谈对象的隐私权，访谈结束以后如对方需要，将所有录音材料拷贝给对方。同时，承诺严格遵守学术道德，所有访谈录音材料（包括录音以及录音整理的文字材料）将只用于本书，不会泄露给第三方或除本书以外的任何其他用途。在本书所有成果（相关论文发表或演讲报告）中都对所有研究对象的真实信息进行保密处理，不会出现任何受访者的真实个人信息或能使人联想到受访者本人的任何暗示。

第三阶段：数据处理。每一次访谈完毕后自行将所有录音材料整理成文字材料，并使用思维导图进行分析和整理。在具体分析过程中采用逐句编码（初级编码）—逐段编码（聚焦编码）—产生理论。随着访谈的深入，越来越多的初级编码涌现，三个重要的聚焦编码也由此产生：就业价值观、"三观"以及影响因素。这符合本书所要探索大学生就业价值观与"三观"关系主题，证明前期访谈提纲设计的内容没有脱离本书主题，同时保持开放的心态，由基础数据入手，对所有数据和材料采取开放性的态度进行比较。接着，继续采用此种方法选取案例 11 号到 18 号，充分考虑了研究对象职业分布、年龄分布、性别、学历层次、家庭背景等不同，尽量多地考虑样本代表性和各类因素对大学毕业生就业价值观的影响。第 18 名研究对象访谈完成后，没有再产生新的初级编码，理论达到饱和。

第四阶段：理论建构。在理论建构部分，笔者进一步验证了大学毕业生就业价值观问题的根源为其"三观"问题；分析了"三观"存在享乐主义、个人主义等范畴；就业价值观包含薪酬、成就感、个人成长、内外部环境、工作社会价值、稳定等15个范畴；"三观"最大的影响因素是个人，其次为家庭、父母亲戚朋友。在此基础上，形成就业价值观结构理论模型，家庭、个人社会资本影响就业模型。

（二）深度访谈的样本介绍

本章中所访谈的18名访谈对象涉及来自全国7个省市9个城市。以下是访谈人员基本情况（见表3-1）：

表3-1 访谈人员基本情况

访谈对象	性别	出生年份	毕业时间	学历层次	专业	单位性质	离职次数	家庭条件	家庭所在地
1	男	1987	2009	本科	理工科	私企	5	一般	城镇
2	女	1982	2004	本科	理工科	私企	9	一般	城镇
3	男	1989	2012	本科	文科	党政机关	2	较好	城镇
4	女	1989	2012	本科	文科	私企	2	较好	城镇
5	女	1990	2012	本科	文科	国企	2	较好	城镇
6	女	1974	1997	专科	理工科	私企	3	较好	城镇
7	男	1976	1995	本科	文科	私企	2	一般	城镇
8	女	1982	2005	本科	文科	私企	3	一般	城镇
9	男	1969	1989	专科	理工科	私企	2	较好	城镇
10	男	1978	2000	本科	文科	私企	2	困难	农村
11	男	1978	2011	硕士	文科	事业单位	2	较好	城镇
12	男	1986	2007	专科	文科	私企	5	一般	城镇

续表

访谈对象	性别	出生年份	毕业时间	学历层次	专业	单位性质	离职次数	家庭条件	家庭所在地
13	男	1992	2014	专科	理工科	私企	2	困难	农村
14	男	1992	2015	本科	理工科	私企	2	一般	城镇
15	男	1975	1998	硕士	文科	事业单位	3	一般	城镇
16	女	1983	2008	硕士	文科	国企	4	一般	城镇
17	女	1992	2014	本科	文科	国企	3	一般	城镇
18	男	1974	2000	专科	理科	私企	5	一般	农村

二、两个案例的启示

根据前期设计，本章研究目的是确定当代大学毕业生就业价值观的问题、就业价值观与"三观"的关联性以及影响因素等，为下一阶段广泛开展的在校大学生就业价值观调查提供参考和借鉴。在深度访谈中，笔者逐渐发现大学毕业生们就业价值观的一些有趣现象，并从中选取了两个具有代表性的简历，可以视为正反两个案例，以探求不同就业价值观对个体就业结果和人生境遇产生的影响。

（一）大学毕业生就业价值观

就业价值观是世界观、人生观和价值观在就业上的集中体现，对每一个个体的职业发展乃至人生都有着重要的意义，国内外诸多学者对其进行了深入研究。通过前期调研数据搜集，运用类别方法分析后，逐步产生以下结论。

1. 初次求职的盲目："哪里待遇好去哪里。"在开放性编码阶段，就业价值观表现为专业对口、有成就感、胜任工作、个人成长、工作权力、工作环境、符合兴趣、工作自由、公司知名度、薪资报酬、晋升发展、社会价值、轻松稳定、实现理想、被尊重认可 15 个子节点 3 级编码共 366 个支持范畴。这 15 个子节点中，工作环境、薪资报酬、轻松稳定、符合兴趣分别获得 67、64、46、39 个范畴和编码，说明大学毕业生就业时最看重这四个要素。根据宁维卫（1996）修订过的舒伯编制的"职业价值观量表"（Work Values Inventory，简称 WVI）①，将专业对口、有成就感、胜任工作、个人成长、工作权力 5 个子节点归入"内在就业价值"节点；将薪资报酬、工作环境、社会价值、轻松稳定、符合兴趣、晋升发展、工作自由、公司知名度、实现理想、被尊重认可 10 个子节点归入"外在就业价值"节点，以判定所有 10 个子节点在选择性编码阶段均获得理论饱和（见图 3-1）。二者相比，大学毕业生们求职更加注重外在就业价值。两个子节点，300 多个范畴和若干级编码共同构成核心概念"就业价值观"，这也是本章深度访谈中的重要概念。

2. 多次求职后的理智："我喜欢快乐工作。"不可否认的是，"薪资报酬"仍然是大部分大学毕业生择业时的第一考虑要素，这与大学毕业生们的家庭条件、毕业时面临的经济环境等有着重要关系。有关大学生就业价值观研究中，学者们运用多种研究方法得出一个普遍的结论：大部分大学生求职时对薪酬待遇的要求远高于其他因素。因此，得出大学生"就业期望值普遍偏高、就业期望与社会需求错位，在择业时只注重眼前的经济利益，而不注重自我价值的实现、能力的发挥"②"显然，他们主要看中的是眼前获得的条件和待遇"③ 的结论。本章在访谈结束后的分析也表明，"薪资报酬"子节点的开放性编码在就业价值观 15 个因素中获得了 1 级 63 个范畴和编码排名第一，说明大部分大学毕业生首次求职的第一需求是薪资报酬。

---

① 宁维卫：《中国城市青年职业价值观研究》，《成都大学学报（社会科学版）》1996 年第 4 期。

② 廖海华、邹燕矫：《高等教育大众化背景下大学生就业观的误区及引导》，《思想政治教育研究》2012 年第 4 期。

③ 耿丽萍：《当代大学生职业成功观误区探析》，《思想教育研究》2012 年第 4 期。

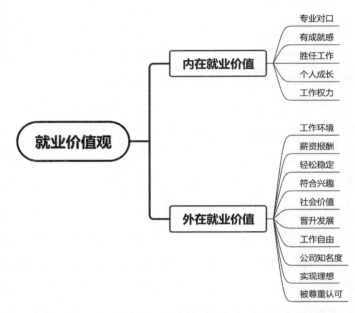

图 3-1　"就业价值观"核心概念的选择性编码

　　随着研究的深入，笔者发现，"薪资报酬"这个需求并非一直是大学生求职的首要考量，随着大学毕业生们年龄的增长、工作经验的增加，大部分毕业生的就业价值观会越来越理性，再次求职时，"薪资报酬"不再是首要考虑因素，而工作价值、成就感、满足个人兴趣等成为考虑的因素，就业价值观逐渐趋于理性，也越来越容易让他们在工作中获得满足感（见表 3-2）。只有少数大学毕业生在多次求职中始终将薪资报酬作为自己择业长期要考虑的要素，这与大学毕业生本人的原生家庭条件以及成年后成家立业的个人家庭负担和消费习惯存在着密切的联系。

表 3-2　"薪资报酬"子节点编码示例（节选）

数据（部分）	编码示例
访谈对象1：嗯，事业上面，我是这么想的，因为，你像现在这个社会，说难听点，搬砖的一个月都赚个万把块钱。就看你自己是想做什么事情，或者说是你觉得做什么事情有意义。……接触的人呢，要和自己对路的，然后钱呢，够花就好。	思考做事的意义；钱够花就好
访谈对象9：我认为是这样的，我面试的时候看两样，就是说老板的素质，因为老板素质决定一个团队的素质，然后再一个是收入。收入实际上可以慢慢涨上去，可以提高的。	老板的素质；收入

"工作环境"是大学毕业生就业价值第二大要素，包括外部环境和内部环境两个范畴。前者指的是企业所在地理位置、办公环境等，后者指的是企业文化、老板员工素质等。随着中国经济的腾飞，地区之间的发展有了较为显著的差异，不同企业之间也有了一定差异。大学生的生长环境不同，对于物质文化生活的要求也不相同，不再受 20 世纪八九十年代"我是革命一块砖，哪里需要哪里搬"的就业观念影响，越来越多地考虑自身的需求。越来越多的大学毕业生在求职过程中，将工作环境，尤其是企业内部人际、氛围、文化环境等问题视为择业重要因素之一。这个子节点作为重要子节点之一，在开放性编码收获了 3 级 67 个范畴和编码的支持，在外在就业价值 10 个子节点中排名第二，在 18 个访谈对象访谈结束后，没有再出现新的范畴和编码，由此判断理论饱和（见图 3-2）。

3. "专业对口"敲门后："我想工作有成就感。""专业对口"是大学毕业生就业价值中较为看重的因素，在就业价值观核心概念中获得支持编码数量位列第四，是较为核心的子节点之一。"所谓专业，是指高校根据社会分工的需要设立的学业类别，在我国更多的是根据国家建设需要和学校性质设置各种专业。"① 因此，大部分大学生在进入高校后所选择的专业成为其求职

---

① 陆国栋：《"新工科"建设的五个突破与初步探索》，《中国大学教学》2017 年第 5 期。

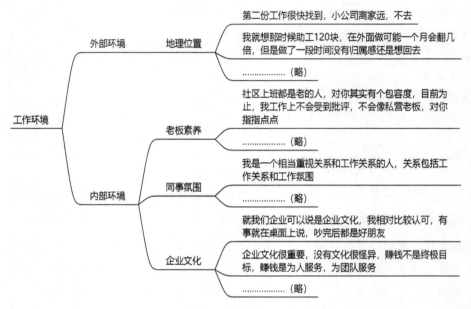

图 3-2 "工作环境"子节点的选择性编码（节选）

的第一块敲门砖。改革开放后，社会主义市场经济带来翻天覆地的变化，使得就业市场也出现了较大的变化。尤其是新时代的经济状态下，新的行业、新的商业模式催生了许多前所未有的职业和岗位，"专业对口"不再成为大学生求职和单位用人的唯一标准。但部分大学毕业生由于自身综合能力有限、信息获取渠道有限等多种原因，无论是否喜欢或者是否擅长所学专业，仍然把专业是否对口作为求职的第一考虑要素。深度访谈中的多位大学毕业生都谈到了这个部分。因此，在开放性编码中，这个子节点也获得了 1 级共11 个范畴与编码的支持，判定其饱和（见表 3-3）。事实上，"专业对口"只是大学毕业生刚入社会求职的要素，随着年龄的增加和工作经验的增加，"专业对口"逐渐不再成为大学毕业生求职的主要考虑因素。

表 3-3　"专业对口"子节点编码示例（节选）

数据（部分）	编码示例
访谈对象 3：……（那你当时咋个考虑要去应聘村官呢？）村官嘛，是因为，其实你晓得我们读的是汉语言文学专业，我们这个方向只分了三个方向，一个是记者，一个是老师，一个就是从政嘛，就是这三个方向。	应聘村官；专业方向对口
访谈对象 4：……婚庆就是分很多种嘛，啥子接待啊，销售嘛，后头就是做这些方面的嘛。刚好我专业算对口嘛，然后就在做方案。	婚庆工作分很多种；专业对口

　　"有成就感"是就业价值观第二大因素。随着时代的发展，部分大学毕业生对于求职有了多元化的追求。许多大学毕业生在谈到择业时都不再将"薪资报酬"作为首要考虑因素，对于期待工作"有成就感"的需求日益凸显。随着年龄的增长，个体社会责任增加，工作性质和内容带来的成就感和满足感成为大多数大学毕业生尤其看重的。因此，这个重要的子节点收获了 1 级 18 个范畴和编码以判定饱和（见图 3-3）。

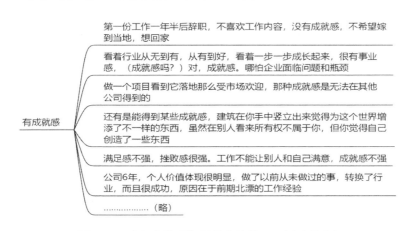

图 3-3　"有成就感"子节点的编码示例（节选）

　　就业价值发现的第三个重要子节点是"胜任工作"。该子节点获得了 1 级 6 个范畴和编码的支持，部分大学毕业生不再希望能够在工作中锻炼自己。一些大学毕业生在谈到工作时，认为"胜任""得心应手"非常重要，如果工作超过自身能力的话会非常困难（见表3-4）。

表3-4 "胜任工作"子节点编码示例（节选）

数据（部分）	编码示例
访谈对象2：去创业公司干什么呢，他们认为我之前是做行政的，那么行政工作岗位我肯定是能胜任的，并且我有10年的工作经验，他们会认为，10年的生活经验，他们会认为我是绰绰有余的。后来发现其实不是，其实隔行如隔山，加上我确实缺乏学习精神，又很容易疲惫跟厌倦，对于那种重复性的工作我会很不开心……	无法胜任工作；原因一缺乏学习精神；容易疲惫；重复性工作不开心；新技能不想学；想放弃
访谈对象3：正好，我自己现在，我现在觉得我适合这份工作是因为我在社区待的那段时间，我觉得我自己还比较能够胜任这份工作。我觉得现在的工作我能够得心应手，我觉得我能够做这些工作……	适合这份工作；能胜任；得心应手

4."将择业与国家、社会需求相结合？好假"——少数学生的真实想法。"社会价值"是指工作给他人、给社会的贡献和价值，通常是一种利他行为的体现。在18名访谈对象中，只有2名访谈对象明确认为工作应该对他人有意义，对社会有贡献，其余学生均表示未曾考虑过这个问题。还有极少部分大学毕业生面对"社会价值"这个说法时反复使用"矫情""假"等字眼，可能说明部分当代大学毕业生认为"社会价值"是很做作、虚伪的一件事（见表3-5）。在回答是否听说过"大学生村官""三支一扶"等政策时，大部分大学毕业生都表示没有听说过，也不愿意去。对比前面谈到的"薪资报酬"和"工作环境"等是大学毕业生择业主要价值取向，此处认为思考"社会价值"很做作、虚伪，可能表明部分大学毕业生在择业时，认为去国家、社会需要的地方就没有好的薪酬、好的工作环境。在当前社会环境下，不考虑钱、不考虑好的工作环境和发展是不对的、虚伪的。问题的根源在于，这部分的大学毕业生可能错误地将集体利益与个人利益进行了对立，认

为追求高薪和对社会有贡献是矛盾的，甚至认为考虑工作的社会价值是虚伪的。

表3-5　"社会价值（负向）"子节点编码示例（节选）

数据（部分）	编码示例
访谈对象1：这个，说起来有点矫情了哈，但是既然让我说，我也说一下吧。我当时就觉得，我要是做生意这么一直做下去，这个死后，没，没什么，这一生没产生什么意义，对人类的进步没有帮助。嗯，听起来有点矫情，但是我当时确实是这么想的，包括现在我也觉着，如果有机会的话，还是做一些，对社会有价值的事情。 （是否与同学沟通过工作的社会价值问题？）嗯，这个我倒是没太跟他们沟通过这个事情，因为太矫情了，（笑）这个，你要是跟同学聊这个事情，好像有点不太自然（笑）。大家都没有聊过这个事情，谁也没有提过……就是想我一个月赚多少多少钱。	做事的价值，说起来矫情。做生意没产生什么意义，对人类进步没有帮助，听起来很矫情。没沟通，因为太矫情
访谈对象13：（那他们有没有传达就是，个人的工作要跟国家的需求结合起来，要去边远地方支教啊，去基层去？有没有说这些？）这些倒没有，这些好像有点远。（笑）（有没有说人要有理想啊这些？）这些也没有。	没有想过个人和国家理想结合，有点远
访谈对象7：（有没有考虑过未来做一些对社会有价值的？完全对社会有价值的？）从来不会意识到我要去做一件什么，有社会公益、社会价值的事情。没有，我没那么高尚。对不起，我从来不去做这样的想法。我很反动，对不起。我没有想过，尤其是在中国，我从来没有想要去做一些社会什么事情。（可以具体说一下原因吗？）太假了。（这个假是？）太虚伪了。	从来没想过做对社会有价值的事，没那么高尚，假，虚伪

（二）大学毕业生人生价值观

1."我的人生价值体现了我的就业价值。"除了就业价值观不断涌现核心编码，关于"人生价值""工作价值""个人价值"的核心编码也不断涌现。说明在"三观"视域下探究当代大学毕业生就业价值观问题是正确的，大学毕业生就业价值观问题可能也是其"三观"的表现。"三观"中"世界观是人生观的基础，人生观是价值观的出发点。……价值观包括着人生观，人生观也是一种价值观"①。因此，世界观是核心，决定人生观、价值观。对人生价值的看法，是对其他事物的看法的出发点，大学毕业生的"三观"可以集中体现为人生价值观。本章在这个维度上追加了访谈题目：能否描述一下您的人生价值追求是什么样的？旨在探求大学毕业生的"三观"与就业价值观的关系。结果表明访谈对象中的大部分大学毕业生所关注的人生意义和价值基本都和自己的生活相关，包括过好自己的生活，好好工作。随着访谈的深入，发现大学毕业生就业价值观是由其人生观、价值观决定的。

在开放性编码阶段，收获了 8 个子节点，依次为享乐主义（2 级 41 个范畴和编码）、集体主义（2 级 6 个范畴和编码）、个人主义（1 级 9 个范畴和编码）、传统文化（1 级 4 个范畴和编码）、人生价值意义（2 级 3 个范畴和编码）、勤恳务实（1 级 2 个范畴和编码）、物质生活（1 级 2 个范畴和编码）、现实短视（1 级 2 个范畴和编码）。在选择性编码阶段，重新将大学毕业生与"三观"进行分类整理，获得享乐型、集体型、个人型、短视型、务实型五个节点。需要注意的是，这些大学毕业生内在享乐型、集体型、个人型等特点可能会有一些交叉，例如一个人可能在人生价值上既有个人型特点也有务实型特点，或者在工作中既希望对他人有帮助，生活中可能又很短视现实（见图 3-4）。

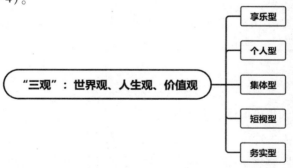

图 3-4 "三观"核心概念的选择性编码（节选）

---

① 罗国杰：《树立正确的世界观、人生观和价值观》，《中国特色社会主义研究》1996 年第 3 期。

其中"享乐型"节点排名第一，获得的三级编码包括希望离家近、生活开心、工作轻松、核心思想 4 个子节点，近百个范畴和编码。"工作轻松"子节点获得了 20 个范畴和编码的支持，在"享乐型"节点中排名第一（见图 3-5）。多位大学毕业生也都谈到希望工作能够"舒适""无压力"，其中女性大学毕业生比男性大学毕业生在这个子节点中展现的范畴和编码更多一些。多位女性大学毕业生在谈到过往工作选择、目前工作状态以及未来工作打算时，首要考虑的都是工作能够轻松、难度不要太高。结合上一部分研究分析结论，发现看重工作是否够稳定，有没有自由的时间的大学毕业生通常在世界观、人生观、价值观等方面更看重"舒适""无压力"等，说明其"三观"与就业价值观具有潜在的一致性。其中女性大学毕业生与男性大学毕业生相比，可能略有差异。

2. "我更关心我自己过得好不好，不考虑服务国家社会。"在"三观"核心概念中排名第二的是"个人型"节点。这里的"个人型"指的是这类毕业生认为人生的目的只为自己或者自己关注的事情，自己活得开心就好，不过多考虑服务国家、社会和他人。"个人型"节点获得了 1 级共 9 个编码和范畴以判定饱和。说明相当一部分大学毕业生越来越倾向于"把自己过好""养活自己就行"，而不考虑应有的家庭责任和社会责任。当然，也有部分大学毕业生能够越来越清楚地意识到工作不仅仅是满足个人物质生活的享受，还应该尽可能地对他人、对社会有所帮助，人生才能被赋予更多亮丽的色彩。其背后隐射出来的就业价值观是希望职业对他人和社会有贡献和帮助，这也是党和国家一直在高校就业工作和思想政治教育中所提倡的（见表 3-6）。还有部分大学毕业生的人生理想建立在个人的物质需求上，几乎将享受生活作为主要人生目标，甚至倾向于只关注当下自己是否开心，当下是否舒服，较为短视，是应该被纠正和引导的。因此，可以认为当下少部分青年"三观"倾向于享乐和个人主义。其中，由于家庭分工不同，大学毕业生中

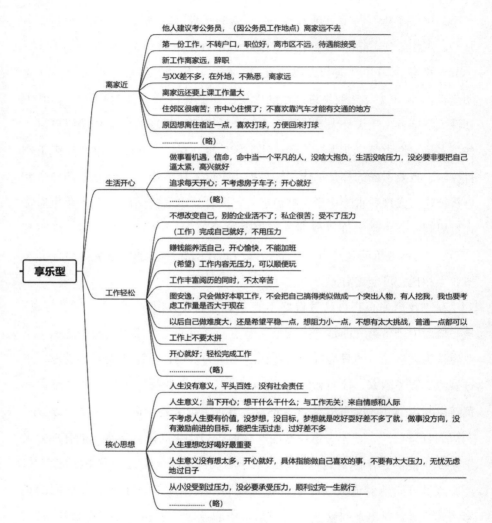

图 3-5 "享乐型"节点的选择性编码（节选）

女性一般较多地承担家庭责任，因此她们在转换工作中对于轻松、享乐的需求高于男性。

表3-6　"社会价值（正向）"子节点编码示例（节选）

数据（节选）	编码示例
访谈对象6：……确实是（在工作中）也帮到过很多人，而且在这个期间我还做了很多关于哪些地方的孩子没有考上好的学校，会给他一些指导。……不收费。那个孩子去了，找到一份新的工作，他很满意，而且觉得很符合他的一个发展方向的时候，这个时候你非常地有成就感。	工作过程中帮助到很多人；不收费；机缘巧合；有价值感
访谈对象15：所以说与其说在工作中形成的，不如说是自己不是特别在乎钱吧，或者说不是特别在乎，怎么说呢，就是所谓的名和利吧，就是希望自己工作有价值一些吧。（那你理解的工作价值是什么价值呢？是什么样的？什么叫工作有价值呢？）第一就是，你比如说做老师这个就是很明显了……这是我认为的一个工作价值。	自己不是特别在乎钱；所谓的名利；希望自己工作有价值一些

（三）两个典型案例

前期的调研中，大学毕业生就业价值观和"三观"作为两个非常重要的概念出现在调研中，成为定性研究中最为重要的两个概念。调研表明，大学毕业生所秉持的就业价值观与其人生价值观取向有着紧密的联系。就业价值观是"三观"在就业中的体现，因此就业价值观问题根源即为"三观"问题。例如，一些访谈对象就业关注轻松稳定、工作自由度、符合兴趣，人生价值则主要表现为"看重享乐"，希望生活舒适、工作轻松、自己开心等，就业价值和人生价值基本重合。而一些访谈对象认为人活着应该对社会有价值、对他人有帮助。他们的就业观念倾向于强调工作对于社会、他人的意义和价值，希望能够从事这样的工作，而不太在意"薪资报酬""舒适开心"等。那么到底什么样的就业价值观和"三观"才是正确的、科学的？什么样的就业价值观念需要引导和纠正呢？本节选取两个典型案例进行深入分析。

问题样本简介：访谈对象1，男，1987年出生，2009年某大学理工科本科毕业，现无业。

第一份工作：2009年6月，毕业前签约了一家专业对口的国企。毕业时向师兄了解了一下签约单位的待遇和发展，认为自己可能不适合做技术工作，故未到单位报到，放弃了该工作。

第二份工作：2010年11月，在家待业一年左右，受电视小说影响认为自己为人处世不够好，应聘到售楼处做销售。

第三份工作：2011年4月，与表哥交谈后受表哥影响认为售楼处待遇差，跟随表哥做建材生意。

第四份工作：2013年5月，追求更大利润，与朋友合伙开办木地板制造工厂。

转折点：2014年12月，外婆病重，搁置木地板厂工作到医院陪伴外婆4个月左右。生活较为规律、清闲，对生活做了一些思考，总结自己的工作状况。（1）工作强度大，但钱没赚多少，判断行业现状后认为自己的工厂不可能做大做强。（2）个人生活不规律，工作中接触到"唯利是图的商人"较多，不喜欢这样的环境。最后，深入思考未来的发展、工作的价值问题，决定关闭工厂，考研回学校。

案例分析：访谈对象毕业4年内换了4份工作，涉及4个行业，直到开工厂创业，走上了创业的道路。但在4份工作中，他都处于迷茫、彷徨中，找不到工作的价值和人生的意义。在访谈中他谈到关闭工厂重新思考个人发展、人生价值时说："我做这个事，好像没什么价值，就一门心思想给自己赚钱，你想对社会产生什么价值啊，给人们带来什么这个改变啊。我卖货，这个货做出来100，我卖个130，就这么简单。好像对社会，也没什么，没什么价值，自己就是一个，说严重点，蛀虫一样，对其他人没什么价值。……古代不就重农轻商嘛，觉着这个事情，没有什么意义。"虽然他已经开始创业，也获得了一些财富，但无法从中找到自我价值和成就感。将集体利益与个人利益对立、将长远利益与眼前利益对立，没有清楚地认识到获得与贡献的关系。同时，没有理智地修正对商业的错误认知。在经历了4份工作后，从陪伴外婆住院开始，才逐渐开始思考工作的价值，认为"……现在这个社会，说难听点，搬砖的一个月都赚个万把块钱。就看你自己是想做什么事情，或者说是你觉得做什么事情有意义"。开始将工作的价值从赚钱转向对社会、对他人的意义："看了一些新闻吧，包括有些，像科学家啊研究出这个，研究出那个；这个解放军，这个兵哥哥，这个保家卫国，其实都挺有价值的。……现在我觉着，如果有机会的话还是做一些对社会有价值的事情。"逐渐明白了工作的价值在于对他人、对社会、对国家有价值和意义。这是一个好的转变，也是思想政治教育中"三观"教育在就业问题上应该传递给学生的。遗憾的是，在这个案例中，青年大学生需要在社会摸爬滚打4年甚至转换4份工作后才能逐渐明白。同时，这名访谈对象还存在对职业的社会价值不认可的观念，认为"好笑""矫情"。例如他反复谈道："在××的时候有一段时间这么想过，想过这个做这个事情的价值。这个，说起来有点矫情了哈。……我当时就觉得，我要是做生意这么一直做下去，这个死后，没，没什么，这一生没产生什么意义，对人类的进步没有帮助。嗯，听起来有点矫情……"说明其在思考工作社会价值时感到"不适应""脱离实际"。显示了思想政治教育与大学生实际可能存在脱节的现象。

范例样本简介：访谈对象15，男，1975年出生，1998年某大学外语专业本科毕业，现为某大学副处级辅导员。

第一份工作：1998年6月，毕业后选择专业对口的文化交流公司做翻译兼做总经理助理。

第二份工作：1999年9月，因喜欢当老师，到某大学成人教育学院当老师兼教学主管。

第三份工作：2000年10月，因收入问题跳槽到某私立教育机构继续担任老师。

第四份工作：2003年3月，考研。2006年研究生毕业后到某大学担任辅导员老师至今。

　　案例分析：自第二份工作起，这名访谈对象明确知晓自己在工作中"最看重有成就感，得到认可、尊重"，故虽然在这之后去了不同的学校和不同的城市，但是都选择教师一职，认为教师是最有成就感的一个职业。在研究生毕业后担任辅导员13年中，这名大学毕业生放弃了许多到其他岗位或机关担任领导干部的机会，明确自己"在乎的不是所谓的名和利，是希望自己工作有价值一些"。这里的"工作有价值"就是希望所从事职业对他人有帮助，对社会有意义。谈到"工作有价值"，他是这样说的："第一，比如说做（辅导员）老师这个就是很明显了，我们在这个工作中应该是比一般的任课老师对一个孩子的影响更大。这是我认为的一个工作价值。第二个呢，通过自己的努力让这个一些读书的时候不那么顺利的，或者不那么听话的孩子都能够顺利毕业，甚至是他们的父母都搞不定的，让他们走上了正轨，成了公务员啊，成了警察啊，成了比较好的技术人员啊。反正有些孩子毕业以后也惦记着你啊，时不时还打电话问候一下，这些都是我的价值。"这是一个典型的将集体利益与个人利益结合的案例，也是一个典型的新时代青年在工作岗位认真努力创造个人价值，为他人服务的案例。对比高校党政领导和一些专业老师，辅导员老师的收入不高，工作繁杂琐碎。这位访谈对象能十几年如一日地坚持下来并且用实际行动去热爱这份职业，看到这份职业的价值，说明他对于人生价值和就业价值的信念非常坚定，是一个拥有正确、科学"三观"，并努力在实际生活中践行这个信念的优秀青年，值得我们认真学习。

　　（四）可视化文本分析

　　在前期调研中，当代大学毕业生就业价值观的"影响因素"作为第三个核心概念逐渐从众多的范畴和代码中涌现出来。详细分析后发现这些影响因素实际上显著影响着大学生的"三观"，从而影响到就业价值观。在开放性编码中，该核心概念涌现 5 级共 208 个范畴和编码支持以判定理论饱和。在选择性编码阶段，影响因素逐渐清晰地分为个人、家庭、学校、社会 4 个部分。其中个人影响为"影响因素"核心概念中最重要的部分，该节点获得 3 级 79 个范畴和编码以判断理论饱和，包括现在生活、人生经历、人生意外三个子节点（见图 3-6）。

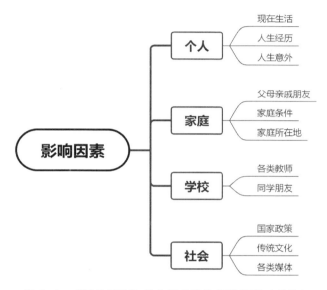

图 3-6　"影响因素"核心概念的选择性编码（节选）

1. "我的观念是我自己的经历塑造的。"综观多位大学毕业生的求职就业经历，发现对大学毕业生来说，不同于大家普遍认为的学校教育和家庭教育对其的影响。"个人"影响是大学毕业生所有影响因素中最为重要的组成部分，获得了 3 级近百个范畴和编码的支持，包括"现在生活""人生经历""人生意外"三个子节点。"现在生活"包括个人家庭、父母家庭、个人性格、宗教影响 4 个范畴。不同于在校大学生，"现在生活"子节点中的"个人家庭"是大学毕业生走出校园以后最大的影响因素。多位访谈对象都明确谈到有了家庭以后，人生价值观有了较大的转变。除此之外，"人生经历"

子节点包括工作经历、情感经历、生活经历、学习经历4个范畴，工作经历获得了1级15个范畴和编码以获得理论饱和。"人生经历"的影响对于尚未完全形成人生价值观的刚出校门的大学毕业生尤为重要，它对于大学毕业生人生价值观的确立起着关键作用。例如，访谈对象4在初次就业时有享乐型人生价值观的心态，后因公司的性质和工作内容，该访谈对象在短期内的人生价值观有了一个很大的转变，认识到钱和幸福的关系并不对等，形成了较为正确的人生价值观。"个人"影响因素还包括"人生意外"这个重要的子节点，主要有"工作意外"和"人生意外"两类范畴。"工作意外"包括公司突然倒闭、政府影响、金融风波等。"人生意外"则为家庭和个人的一些意外事件发生，这些意外对于大学毕业生的人生价值观重塑有着非常重要的影响。例如，访谈对象1原本秉着"今朝有酒今朝醉"的心态一直在游戏人生。前期经历了就业、创业等多个职业阶段，后来家中老人出现了变故。在经历了这些变故后才开始思索人生的价值，形成了正确的"三观"，认为人生应该对他人、对社会有价值（见表3-7）。

表3-7 "影响因素"核心概念编码示例（节选）

数据（节选）	编码示例
访谈对象1：……看了一些电影小说，影响比较消极，认为人生就要及时行乐。……2014年年底的时候我外婆就病重了。……我就回家（照顾外婆）了。你像现在这个社会，说难听点，搬砖的一个月都赚个万把块钱。就看你自己是想做什么事情，或者说是你觉得做什么事情有意义。……因为经过外婆（生病）这个事情，当时本身就是被这个事情刺激，才离开浙江的。……我当时就觉得，我要是做生意这么一直做下去，这个死后，没，没什么，这一生没产生什么意义，对人类的进步没有帮助。嗯，听起来有点矫情，但是我当时确实是这么想的，包括现在我也觉着，如果有机会的话，还是做一些，对社会有价值的事情	受电影小说影响，人生及时行乐；外婆病重回家照顾；被刺激；觉得做什么事情有意义；做对社会有价值的事情

2. "我的观念还受家庭影响很深，工作也可以让家里帮忙。"除了"个

人"影响因素以外，"家庭"是大学毕业生的第二大影响因素。在选择性编码时"家庭"节点获得了 3 级 66 个范畴和编码以判定理论饱和，分为"父母亲戚朋友""家庭条件""家庭所在地"三个子节点（见图 3-7）。其中，"父母亲戚朋友"子节点获得了 2 级 49 个影响因素，为家庭因素中最为重要的影响部分。该子节点下设"介绍工作""职业观念""人生经历""教养方式"四个范畴，这里的"职业观念"以及"人生经历"主要是祖父母或者父母亲戚等上一辈人的职业观念和他们的人生经历所带给他们的影响，通过他们的"教养方式"传达给了大学毕业生们。这些对大学毕业生的人生价值观以及就业价值观产生了较大影响。这些影响通常是走出校门的那几年影响最大，此后，逐渐呈递减趋势。

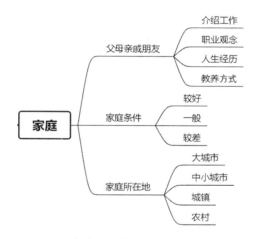

图 3-7　"家庭"节点的选择性编码（节选）

　　此外，多位大学毕业生在初次求职以及再次求职时都会不由自主地受到"家庭"中"父母亲戚朋友"潜移默化的影响，这些影响绝大多数是正向的，但也有少数的负面影响。其次是"家庭条件"，家庭条件较好的大学毕业生的人生价值观会更看重自我的需求，甚至容易在人生价值观上产生偏差，形成享乐型、个人型等。家庭条件一般或者较差的大学毕业生的人生价值以及就业价值更为务实和勤奋。

3. "我的家族资源可能能够给我的求职带来一些便利。"调研还从社会资本角度来观察家庭社会资本对于大学毕业生就业的影响。家庭社会资本是一种影响人的行动的资本，能够为个人的行动提供各种有用的资源，主要包括家庭的经济资本、政治资本、文化资本和社会资本。① 具体说即以父母为主的家庭经济收入、受教育程度和拥有的经济资源、文化资源、组织资源及社会资源的总和。在回答"你认为你在就业中你的家庭（父母、家族亲朋）拥有的社会关系对你有影响吗？如果有，是如何影响的"这个问题时，家庭条件较好者即家庭社会强关系资本的受访者，普遍承认在就业信息获取、就业机会获得等方面受到家庭社会强关系资本的直接影响。例如，访谈对象2谈道："然后回到家里，家里给找了个人，给安排了一家国企的工作……（后来离职了）然后我就去跟那个阿姨帮帮忙卖保险。……后来我舅舅就说让我去帮忙看一下厂子。"家庭条件普通或较差的受访者则更希望通过个体的社会强关系网络资本帮助就业。例如，访谈对象7在谈到毕业后的工作时说："……其实我读书几年都跟他们中国区的总经理保持一个很好的私交友谊关系，那么毕业了之后，他说那你如果愿意的话就负责华东区的市场拓展。（哦，是基于跟公司高层的私人关系？）对。"这说明大学毕业生认可强关系资本会影响就业，大部分能够通过自己的努力获得个人社会强关系，来实现更好更满意的就业。

调查还发现，随着经济的发展，少部分家庭社会资本存量和使用量圈层可能有扩大的趋势。也就是说，家庭社会资本除了以父母为主的家庭社会资源以外，可能还包括祖父母职业、学历、经济条件、教育方式以及围绕着父母亲戚朋友、祖父母及祖父母亲戚朋友的所有相关社会关系、经济状况都可

---

① 王景琳：《大学生就业取向的代际传承研究》，《东北师大学报》（哲学社会科学版）2014年第6期。

以作为"家庭社会资本"的一部分。例如,访谈对象9谈道:"我家有个亲戚,是我爸爸那边的姐姐的远房外甥,其实很远,但是他是清华毕业,在北京发展比较好,是××公司高层。……我为了找工作,也是去问过他的……"我国社会高速发展下,由于各项社会制度正在逐步完善过程中,一些地方可能还存在一些不公平的现象。此时应该警惕部分家庭社会资本存量和使用圈层的扩大化趋势,注意正确引导青年理性看待这些不平等、不公平的社会现象。

4. "我的老师也可能给我一些负面影响。""学校"影响分为"各类教师"和"同学朋友"两个部分,获得了4级42个范畴和编码支持以判定理论饱和(见图3-8)。相比同学朋友的影响,调查表明,"各类教师"子节点是"学校"这个节点中主要的因素,分为有影响和无影响两个维度。有影响包括正面影响、负面影响两个维度,获得了2级16个范畴和编码支持;无影响获得了1级4个范畴和编码支持。可以看到,多位大学毕业生在谈到包括专业教师、行政管理人员等各类教师对其影响时,都认为教师的言行对于自己做人做事都有着较大的正面影响,也有个别大学毕业生谈到个别教师对自己成长有一些负面影响。与之对应的是,还有部分大学毕业生认为无论哪一类教师,对自己没有任何影响。访谈中也特别询问了思想政治理论课程对于大学生的影响,个别学生反馈,该课程没有给自己任何影响。

5. "我的家庭虽不能帮助我,但我可以自己努力找到更好的工作。"在"同学朋友"影响方面,主要为同学朋友的求职行为和求职观念给大学毕业生们带来同辈压力。这些影响也分为正向和负向影响,但大多数是正向的,能够促进在校大学生的求职行动,避免产生"慢就业"。这种影响,在大学毕业生们走入社会后逐渐减少,但与同学朋友之间的友谊关系所带来的个体资本随着大学毕业生个人能力增长,成为影响大学毕业生就业结果的关键。例如,访谈对象15谈到最初求职时这样说:"……我父母亲也是厂里面的,

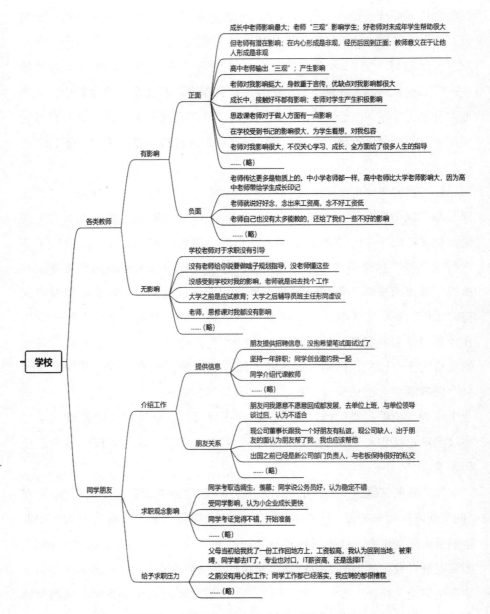

图 3-8　"学校"节点的选择性编码（节选）

又是厂里面的干部，所以毕业就分到厂里面。……我1995年就回到×总这边，开始在这边做是因为×总跟我的老家亲戚有这样一种关系嘛！后来靠我自己，跟×总的这一层认识很久的关系，×总就是说你过来帮我吧！"这说明在大学毕业生走出校门初期，家境较好的大学生能够通过家庭社会强关系资本谋求一份好工作。家境一般的大学生看起来求职时似乎处于弱势阶段，但他们依然可以通过努力，在实力增强后获得个体社会强关系资本，从而在转换工作时谋求一份较好的工作，弥补原生家庭社会弱关系的不利。社会资本能够通过个体的努力转换为强关系资本，成为决定大学毕业生就业质量的关键因素。

6. "国家政策、传统文化、各类媒体有时候会给我带来颠覆性的影响。" "社会"影响在选择性编码中获得了2级14个范畴和编码以判定理论饱和，分为"国家政策""传统文化""各类媒体"三个子节点。需要注意的是，社会影响往往给大学毕业生"三观"或者就业带来重大影响，甚至可能改变一个人的人生轨迹。例如，"国家政策"变化可能在一些行业产生重要的机遇或者导致一些公司突然破产甚至倒闭。这种变化是社会影响中最为重要的。另外，我国传统文化中"女子无才便是德""士农工商""女性应该留守内部，从事一些管理工作"等教条，长期影响着求职者的选择判断。从调研中来看，这种影响还普遍存在，一些大学毕业生深受其影响，从而出现一些求职偏差。此外，各类媒体的宣传也是影响大学毕业生人生价值观的重要因素，部分毕业生的人生价值观直接受到各类媒体宣传的影响（见表3-8）。

表 3-8　　"社会"节点编码示例(节选)

数据(国家政策)	编码示例
访谈对象 11:当年(建筑业)拖欠都比较严重……,所以(我们单位)效益一般。(那时候你觉得在工作中最看重什么?当时出来为什么选择这份工作?)……就是原来,咱们国家兴过一阵小中专,……主要目的就是混个城市户口,对吧,当然我们那个时候就算是赶上了这个政策的尾巴上了吧!所以说这个也谈不上什么兴趣与否,当年我这个第一志愿报的还是高中,后来是我爸还通过一些关系给我把档案转了,(笑)给我改了这样的,所以我基本谈不上什么个人兴趣	企业受国家政策影响,欠款严重,效益一般;选工作并非我想选择的,国家政策影响我考了中专,目的是混城市户口;谈不上兴趣

数据(传统文化)	编码示例
访谈对象 5:反正就是才,自己养得起走就行了,你多做估计他也不多给你钱。而且一个女的,我始终觉得女的也没必要冲到前线,跟一个男的一样。你要说啥子每天九十点钟才下班啊,每天觉都睡不醒那种,我觉得也没这个必要	女性没必要冲到前线,像男性一样工作
访谈对象 8:当时,因为学的是人力资源,所以当时还基于一种传统的观点,就是女娃娃还是要做偏内的一些工作嘛,比如说,财务啊,行政啊这类型的,而不是偏外的一些工作,所以说,就选择了第一份工作	认为女性还是要做偏内一些的工作
访谈对象 15:想过啊,让自己这辈子不虚度啊,就是好歹你走的时候做了一些自己认为有意义的事吧!(这个也是受什么影响呢?)也有受这么多年正统教育的影响吧!(噢噢噢)我到现在还比较喜欢看一些比较正面的一些革命影片或者之类的吧,嗯,人生还是应该有点价值地度过,而不是纯粹地追求生活的享受吧	认为应该做自己认为有意义的事,受正统教育影响;认为人生应该还是有点价值地度过
访谈对象 1:然后,我就回成都来,在成都当时也是受一些可能是受一些电视剧、小说的影响吧,就是自己还是待人处世方面不太够,然后这个大家都说做销售有帮助嘛,然后当时就跑到成都卖楼去了,做那个楼房销售。……看了一些电影小说,影响比较消极,认为人生就要及时行乐。……现在认为上大学的时候还是应该多学一些东西,不能像我一样荒废掉了	受小说电视剧影响;比较消极

三、两个理论模型

大多数质性研究最终目的是建立相应的理论模型,以此补充和解释现有理论。本节通过对大学毕业生就业价值观现状、"三观"现状及影响因素的调查研究，构建了"就业价值观结构""家庭、个人社会资本影响就业"两个模型，用以解释就业价值观内部结构以及家庭、个人社会资本如何影响毕业生就业两个问题。

（一）就业价值观结构模型

1978 年以来，中国完成由社会主义计划经济到社会主义市场经济的改革。除了经济的变化，整个社会也在经历着深刻转型。人们的价值观不再单一，下海潮、出国潮对中国人民的价值观念产生了极大的影响。随着高校就业制度的不断完善和发展，高校毕业生就业更为多元化，高校毕业生逐渐形成了新的就业价值观，就业价值观结构将随着毕业生的需求而不断变化。

根据国内外相关研究，本调查在前期质性访谈的基础上将就业价值观分为内部就业价值观、外部就业价值观以及外部就业报酬三方面。结合马斯洛"需求理论"，形成大学毕业生就业价值观结构模型。该模型主要根据对 18 位访谈对象在毕业后不断转换工作过程中就业价值观不断变化的实际，使用类别分析研究得出相应结论。研究的理论基础是马斯洛的"需求层次理论"。该理论认为人的需要分为生理、安全、社会、尊重和自我实现五个需要。在底层需要满足之后，新的一级需要会出现，五级需要呈现金字塔形上升状态。本书调查表明，毕业生有福利保障、成长发展、声望地位、自我特质、文化维护、工作环境、家庭情感、自我价值 8 个需要。无论是刚毕业的大学生还是毕业多年的大学生，对于福利保障的需要作为基本就业价值观维度始终存在，即马斯洛所言基本生理需要。该需要得到满足以后，其余 6 个维度的需要作为中观层面维度会交替出现。这些维度的需要也就是马斯洛需求理论的安全、社会、尊重等各方面的需求。调查发现，在中观维度得到满足之后，每个人都有自我价值的需要，尤其是在有了基本的物质生活保障后，希望工作能够对他人、社会产生价值的需要极为重要。同马斯洛的需求理论一样，这种需要通常会作为最高层面维度出现，表明就业价值观需要也如同马斯洛需求理论一样，呈递增状螺旋上升状态。一些研究认为当前大学生就业价值观多呈现功利性或者世俗化，一切都"朝钱看"，这样的结论难免过于绝对和简单。本调研证明，基本福利保障是每个大学生乃至每个人的基本需要，无须苛责大学生对于基本需要的看重。相信当他们的福利保障类基础需要得到一定程度的满足以后，实现个人价值的需要终会成为每位高校毕业生的人生价值选择，这也符合就业价值观发展规律（见图3-9）。

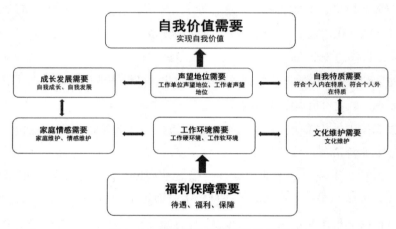

图3-9　"就业价值观结构"模型

（二）家庭、个人社会资本影响就业模型

有报告显示，70后第一份工作平均维持时间为4年，80后为3年半，90后不到1年。最新数据表明，95后的第一份工作只能维持7个月。① 似乎90后大多数青年相比70后、80后具有更多"说走就走"的勇气。频繁地更换工作背后的原因自然复杂多样，除了工作本身的艰辛和收入的不匹配以外，90后们更具有"说辞就辞"的勇气，与90后相对于70后、80后有着更好的家庭经济状况有着极大的关系。当前时代背景下，不同社会阶层在社会资源、经济背景上的差异性客观导致了不同家庭资源存量存在极大的不平衡。

_____

① 程振伟：《平均7个月就离职95后为啥一言不合就甩手?》，《人民日报》2018年8月11日，网络版。

这种不平衡或许将直接影响子女的职业选择甚至职业成就。拥有较好的家庭资源和家庭中凸显的个人主义教育显现出家庭在个人面临职场选择和发展困境时的强大力量。

调查在前期数据分析的基础上，借助社会学中社会资本的概念探究大学毕业生就业的重要影响因素：家庭影响因素。社会资本的概念最初是由经济学中的基本概念"资本"演变而来的，最初是作为经济学术语存在的。马克思在《资本论》中提到的社会资本指的是"与'个人资本'相对的无数个别资本的总和，是'社会总资本'"①。随着研究的深入，社会资本的研究逐渐扩大到社会学、政治学等领域，成为一个跨学科的概念。最早使用社会资本概念的是1977年美国经济学家格林·洛瑞（Glenn Loury）。洛瑞虽然在他的著作《种族收入差别的动态理论》中使用了社会资本这一概念，但并没有进行深入研究，故没有在当时的学界引起重视。随后法国社会学家皮埃尔·布尔迪厄于1980年发表《社会资本随笔》，对社会资本进行深入系统的研究。

在过去的将近40年的时间里，各国学者对于社会资本从不同的角度展开了广泛的探索和研究。研究视角主要集中在两方面：第一是从宏观层面研究社会资本对个体造成的影响和作用，如皮埃尔·布尔迪厄、詹姆斯·科尔曼等；第二是从微观层面探讨个体如何利用社会资本增长个体效能等，如罗纳德·博特、亚历山德罗·波茨、林南、边燕杰等。国内外学者很早就注意到社会资本对于青年就业的影响。主要关注于社会资本对于青年尤其是大学毕业生求职过程中社会结构的影响。波茨已经注意到，社会资本被较多地用来解释与就业、职业选择等的关系。社会资本理论比较有代表性的主要为弱关系理论、强关系理论以及社会资源理论。美国著名学者马克·格拉诺维特

① 陈柳钦：《资本研究的新视野：社会资本研究的综述》，《云南财经大学学报》2007年第4期。

在 20 世纪 70 年代通过调查美国波士顿郊区职业工人，发现个体的弱社会关系网络由于其异质性、松散性更能够为其求职提供帮助，即"弱连带优势理论"（Strength of weakties）。边燕杰的研究则发现强社会关系资本尤其是天赋强关系资本（家庭拥有的关系资本）和后致强关系资本（通过个体社会网络建立的强关系）则更能影响就业。本书的这个部分沿用边燕杰关于强弱资本的研究，着重探讨强关系社会资本对于青年就业的影响。

在探讨大学毕业生求职过程中是否存在来自家庭或个体的强弱关系资本时，将调查聚焦在这种强弱关系资本是否能对就业产生影响以及对就业的哪些方面产生影响上。着重探讨强关系资本中天赋强关系资本（家庭拥有的关系资本）和后致强关系资本（通过个体社会网络建立的强关系）对于青年就业的影响。构建了家庭、个人社会资本影响就业模型，认为大学毕业生在就业时受到家庭社会资本、个人社会资本"强弱关系"双重影响。个体应对分为 A、B、C、D 四种方式，在家庭、个人社会资本均呈现强关系时，个体均受影响。无论是家庭社会资本还是个人社会资本强时，个体都显著受到强关系的影响。但家庭、个人社会资本均呈弱关系时，个体则会受到个体社会弱关系资本影响更大（见表 3-9）。

表 3-9　家庭、个人社会资本影响就业模型

应对方式　　　　家庭社会资本　　个人社会资本	强关系	弱关系
强关系	A（均受影响）	B（受个体强关系影响更大）
弱关系	C（受家庭强关系资本影响更大）	D（受个体弱关系影响更大）

（三）讨论与启示

1. 大学生就业价值观问题根源应是对集体利益和个人利益结合认知的偏

差。结合第二章，将大学生就业价值观问题纳入"三观"教育视域下进行调查研究，发现大学生就业价值观问题实际上是对集体利益和个人利益结合认知的偏差，甚至对个人和集体利益二者的割裂。事实上，任何一个个体无法脱离集体单独存在。公民享受国家赋予的宪法和法律规定的权利，也要承担相应义务。个体由此"在政治生活和社会生活中与他人、国家以及社会形成良性互动关系"①。个人与集体具有不可分割性，个人利益与集体利益也具有不可分割的特点。本书的调查研究通过一个问题样本和一个范例样本的分析，认为大学毕业生不能在社会价值与个人价值间建立联系，不能用哲学思维处理好长远利益与眼前利益的关系，不能很好地理解获取与付出的关系，甚至将以上二者对立，最终导致虽然认可集体主义，但在求职以及工作中忽略职业社会价值，不愿为更大的收益付出眼前的代价，出现"只知不行"的怪象。

2. 福利保障是毕业生的基本需要，自我实现是毕业生的最高需要。调查中发现，大学毕业生就业价值观需要如同马斯洛需求理论一样呈金字塔形螺旋上升。其中，福利保障需要常常作为最基础、最底层的需要出现，其他需要会随着福利保障需要满足以后逐渐出现，部分毕业生则会在家庭情感需要、成长发展需要、自我特质需要等中观层面需要满足后，过渡到自我实现最高层面维度。例如，访谈对象1谈到结束创业时说："我突然觉得，我要是这么一直做下去，这一生感觉没产生什么意义，对人类的进步没有帮助。……如果有机会的话，我想我还是应该做一些对社会有价值的事情，但这件事是什么，也暂时没有想好。"这说明部分研究结论认为大学生就业只看重薪水报酬是错误的，应该尊重大学毕业生在就业价值观方面的个体成长发展规律，相信当代大学生是一个有理想、有责任、有担当的青年群体，他

---

① 贺妍、肖平：《基于对话哲学的公民品质与公民技能》，《西南民族大学学报》（人文社会科学版）2014年第3期。

们最终会在实现个人理想抱负的基础上为国家、为民族做出贡献，担负起国家赋予的重任，成为我国新时代中国特色社会主义发展的支柱。

3. 个人经历对"三观"有显著影响。在前面的访谈调查中，个人经历作为一级编码出现，说明大学毕业生个人经历是对"三观"影响的重要因素。不同于社会、家庭、学校的影响，多名毕业生在谈到什么最能影响自己的"三观"时，均表示"只有自己经历的才能影响到自己""没有人能真正影响自己"，等等。与之对应的是，在谈到学校思想政治教育对自己的影响时，部分学生谈到"没有太多印象""思政课老师还是讲的大道理比较多，所以没有印象"，等等。一定程度上说明高校思想政治教育尤其是"三观"教育的形式、内容、方法等还没有能够以学生为中心，存在与大学生实际生活脱节等情况。

4. 家庭社会资本和个人社会资本不同属性之间的此消彼长。大学生择业会受到家庭社会资本和个人社会资本双重影响，当家庭社会资本呈现强关系时，个人社会资本可能呈现弱关系。这种情况尤其会出现在大学生求职初期，一些家庭条件较好的个体往往会依赖家庭社会资本强关系获得就业机会。而家庭社会资本强关系往往会随着社会发展和个体差异逐渐呈现弱关系趋势，而个体社会资本则会随着时间的推移逐渐呈现强关系趋势。这时的个体对于社会资本的依赖和利用会由家庭社会资本转向个人社会资本。例如，访谈对象 15 谈到最初工作时："……我父母亲也是厂里面的，又是厂里面的干部，所以毕业就分到厂里面。……我 1995 年当时，就回到 Y 总这边，最开始在这边做是因为 Y 总跟我的老家亲戚有这样一种关系嘛！后来靠我自己，跟 T 总的这一层认识很久的关系，T 总就是说你过来帮我吧……"家庭社会资本初期呈现弱关系，随着时间的推移也可能逐渐成为强关系，成为大学生择业的有力抓手。例如，父母圈层的扩大，个人婚姻家庭资本的强关系显现等，个人社会资本可能随着个体的变化呈现弱关系。例如，访谈对象 23

谈道:"开始工作时我自己找了一个工作,收入比较低也比较累……后来干得不是很开心,就去了家里亲戚介绍的一个公司,后来结婚了,老公家里又给介绍了一个工作。就没自己找过工作了,也觉得没啥能力自己找工作。……后面如果考虑换工作还是会让家里或老公家里给找找吧!"这时,个体社会资本虽然有所下降,但是家庭社会资本增强,个体依然会对强关系的一方产生依赖且影响就业。总之,家庭社会资本和个人社会资本的强弱关系并不是一成不变的,它们在大学生就业不同的阶段呈现此消彼长的状态。无论个人社会资本还是家庭社会资本如何变化,最终决定大学毕业生就业质量和个体职业的仍然是个人社会资本。

5. 教师是学校影响因素中的重点因素。在前述的相关调查中,着重对于学校如何影响大学毕业生就业价值观及"三观"展开调查。通过调查发现,学校这一范畴下一级编码包括了各类教师、同学朋友两个一级编码。在"各类教师"一级编码中,获得三级编码 20 个范畴判断理论饱和,"同学朋友"一级编码获得二级编码 22 个范畴判断理论饱和。在"各类教师"一级编码中分为有影响、无影响。其中有影响中正面影响占大多数,而负面影响和无影响范畴数量相当。说明以教师为中心的教育方式、教育内容、个人魅力等多个部分对于大学毕业生能够产生较大的正面影响。但部分教师由于各种原因反而对学生就业价值观、人生价值产生了负面影响。而部分学生反馈高校思想政治教育以及思政课教师对其没有任何影响,值得思想政治教育工作者注意。

四、小结

本章按照前述所规划的实证调查研究技术路线,主要运用定性研究方法探求了当代大学毕业生就业价值观、"三观"以及相关影响因素。调查分析得出以下五个结论:1. 薪酬、环境、兴趣是大学毕业生就业价值观重要因素，追求工作社会价值是大学毕业生最高需要。随着基本物质需求的满足，大学毕业生对待薪酬待遇日趋理性，部分大学毕业生最终会将工作社会价值作为自身职业追求的终极目标。建立就业价值观结构模型，关注个体就业价值观变化和不同范畴之间的关系。2. 个人经历、教师言行等对大学毕业生"三观"影响较大，其中个人经历是最大影响因素。其中包括个人经历、人生意外等几方面，比社会、学校、家庭影响更大。3. 家庭条件、地域、父母工作等构成的社会资本显著影响大学毕业生就业。其中，家庭社会资本强弱关系显著影响大学毕业生就业，但个体强关系社会资本才是决定就业质量的关键因素。4. 部分大学毕业生对于思想政治教育课程效果反馈不佳，间接反馈高校思想政治课程教育以教师、课堂为中心向以学生、实践为中心组织教学转型不够，教育效果有待提升。5. 大学毕业生"三观"决定其就业价值观，部分大学毕业生可能存在将集体利益和个人利益割裂的认知偏差。调查表明，部分大学毕业生不能在社会价值与个人价值间建立联系，不能用哲学思维处理好长远利益与眼前利益的关系，不能很好地理解获取与付出的关系，甚至将以上二者对立。所以一些大学毕业生认可集体主义、社会主义的价值取向，却很难落实到行动中。

结合以上调查，正确的就业价值观应倡导毕业生将个人事业发展与社会、国家相结合，引导大学生正确看待就业中的薪酬以及工作社会价值的关系问题，这就需要提升高校"三观"教育实效性。

第四章

04

在校大学生们的就业价值观

　　上一章通过调研访谈的方式对大学毕业生就业价值观问题与"三观"问题进行了深入挖掘，发现二者存在紧密联系。通过调查研究明确了本书的重点集中在"三观"教育视域下的大学生就业价值观引导这个重要问题上，并通过类别分析建立了研究的理论框架。按照前述研究技术路线设定，本章将根据上一章研究建立的理论框架，提出理论假设，并在全国范围内开展在校大学生们的大规模调查。

一、研究设计

　　定量调查研究的研究设计包括理论假设、初始项目搜集和问卷编制等。理论假设是在上一章定性调查研究基础上结合定量调查研究实际情况提出的。同时，根据已有研究中相关问卷结合上一章调查结果进行初始项目搜集和问卷编制。

　　（一）开始调研之前的理论假设

　　按照上一章定性调查研究的结论，本章定量调查研究主要理论假设应聚焦在在校大学生就业价值观，就业价值观与"三观"的关系，个人、家庭、社会以及学校等因素是否显著影响着"三观"及就业等。基于上述理论框架，提出如下假设：

　　假设一：在校大学生的"三观"在人口学指标上有显著差异。

　　假设二：在校大学生就业价值观在人口学指标上有显著差异。

　　假设三：影响因素在人口学指标上有差异。

　　假设四：在校大学生人生态度对就业价值观具有显著正向和负向影响。

　　假设五：在校大学生人生目标对就业价值观具有显著正向和负向影响。

　　假设六：在校大学生生活方式对就业价值观具有显著正向和负向影响。

　　假设七：媒体网络、书报、社会变化、杰出人物对在校大学生就业价值观具有显著正向和负向影响。

假设八：学校教师、学校氛围、同学朋友对在校大学生就业价值观具有显著正向和负向影响。

假设九：父母就业观念、亲朋就业观念、家庭背景对在校大学生就业价值观具有显著正向和负向影响。

假设十：个人经历、人生意外、现在生活对在校大学生"三观"具有显著正向和负向影响。

假设十一：在校大学生的"三观"、就业价值观、影响因素三者之间存在中介效应。

假设十二：在校大学生"三观"、就业价值观、影响因素三者在人口学指标上存在显著差异。

（二）开始调研之前的项目搜集

问卷一般分为开放式和封闭式两类问题。进行问卷设计时必须紧紧围绕所要考察的变量来进行。要使得问卷取得良好的效果，前期项目搜集是设计一份具有较好信度、效度问卷的必要步骤。

国内大部分关于就业价值观的调查研究对于在校大学生就业价值观调查均使用"就业观"或者"择业观"一词。本书为了概念使用前后一致，对在校大学生进行调查研究时延续上一章对于大学毕业生调查中的相关概念，也使用"就业价值观"一词。问卷主体构想主要分为"三观"、就业价值观、影响因素三个部分。结合第三章大学毕业生就业价值观的定性调查研究，此时的在校大学生"三观"可以集中体现为人生价值观。因此，第一部分对在校大学生"三观"进行问卷调查时，将"三观"这个抽象概念转换为人生价值观测量，参考石林《人生观的心理学研究——人生认知量表的编制》、荆钰婷《大学生人生观、国家观现状调查与分析》、朱秋飞《不同时期大学生人生观的实证研究》等几位学者的调查问卷以及访谈材料理论框架构想该部分量表，将人生价值观分为奋斗型、享乐型、集体主义、个人主义、长远型、短视型六种类型。第二部分在前期的定性访谈研究阶段，通过对18名大学毕业生的访谈得出，就业价值观包括兴趣、性格、工作方式等45个方面。由于问卷调查对象为在校大学生，因此问卷构想中"就业价值观"现状分量表选取在校大学生的兴趣、发展、智力激发、成长、社会贡献、安稳、自由、人际关系、薪酬待遇、工作环境、专业对口、成就感、企业知名度，参考宁维卫（1992）修订过的舒伯编制的"就业价值观量表"进行项目编制。同时，根据国家对于在校大学生基层就业的政策扶持，增设2个关于在校大学生基层就业的题目。第三部分影响因素参考何元庆《大学生人生观影响因素问卷》以及上一章调查研究的访谈材料理论框架分为社会、家庭、学校、个人四个部分。

（三）问卷调查前的初始问卷编制

初始问卷设计共分三个部分：1. 个人基本情况。2. "三观"（以下使用人生价值观代替）和"就业价值观"。3. 影响因素。第一部分设计题目为11题：第1~5题为个人在校基本情况，包括性别、年级、专业、在校期间月均消费、所属大学层次。第6~11题为个人家庭基本情况，包括家庭所在地情况、是否独生子女、小学期间主要居住形式、父母文化程度、家庭经济条件。第二部分共41题，分为人生价值观和就业价值观两个部分，第1~28题为人生价值观：由奋斗型（第1、2、3、4、5题）&享乐型（第7、8、9、10、19题）、集体主义（第13、14、15、24、25题）&个人主义（第6、11、12、18、20题）、长远型（第16、26、27、28题）&短视型（第17、21、22、23题）三种人生价值观组合而成。第29~41题为就业价值观，分为内在就业价值（第29~32题）、外在就业价值（第33~37题）、就业附加价值（第38~41题）。第三部分为影响因素共12题，分为社会影响因素（第1~4题）、家庭影响因素（第5~8题）、学校影响因素（第9~12题）。考虑到个人影响因素因个体经历差异较大，不可控因素较多，暂未将个人影响因素纳入初始问卷编制。调查目的是进一步验证大学生就业价值观问题缘由是大学生内在"三观"问题。采用统计分析软件对调查数据进行统计分析。

（四）问卷调查前的初始预测

1. 第一次预测。预测对象选取：预测采用了方便样本，随机抽样形式抽样，抽样总体为西部某 211 高校某理工科学院 2156 名本科生，于 2018 年 11 月进行。在这些学生中采取随机抽样调查的方式抽取 200 名同学作为样本，共发放问卷 200 份，收回 169 份，其中 160 份有效，有效率为 94.67%。

预测量表的项目分析。项目分析第二个部分中人生价值观分量表共 28 题（B1～B28），就业价值观分量表共 13 题（B29～B41），进行独立样本 t 检验的统计量后，其中 B6、B7、B10、B12、B17、B24、B41 题检验的 P 值未达显著，以上 7 项题目考虑删除。另外，B16 题检验 P 值虽达显著，但其检验统计量甚低（t = 2.504，p = 0.014<0.05），也应考虑删除。第三个部分影响因素分量表共 12 题，进行独立样本 t 检验的统计量计算后，所有题项检验 t 值均达到显著。

预测量表的效度分析。对人生价值观量表、就业价值观量表、影响因素量表进行因素分析。在变量名称编码上，第二部分题项名称重新编码依序为 B1、B2、B3……B33。第三部分由于未删除任何题项，因此编码不变。使用分析降维对三个分量表分别进行因子分析以对量表进行效度分析。

在人生价值观分量表上，首次使用主成分直交转轴法因子分析法检验 KMO>0.8，呈现性质为"良好"标准，表示变量间具有共同因素存在，变量适合进行因素分析。提取五个因素，共解释 65.468% 的变异量，五个因素中，B22（新 B16）题项与五个因素影响都较低考虑删除。删除后第二次进行因素分析使用主轴斜交法分析，根据碎石图，保留四个因素较为适宜。提取四个因素后，删除第五个因素的 B19（新 B13）、B18（新 B12）。第二部分中人生价值观分量表在进行因素分析后共保留 18 个题项。

在就业价值观分量表上，首次使用主成分直交转轴法因子分析主成分分析法检验 KMO>0.8，呈现性质为"良好"标准，表示变量间具有共同因素存在，变量适合进行因素分析。提取三个因素，共解释 58.926%的变异量，各因素之间相关性较高，因此保留全部题项。进行因素分析后依然抽取 3 个因素，但内在构想发生变化。因素一：31（内在就业价值）、33（外在就业价值）、35（外在就业价值）、36（外在就业价值）、37（外在就业价值）、39（就业附加价值）。因素二：29（内在就业价值）、30（内在就业价值）、32（内在就业价值）、34（外在就业价值）、38（就业附加价值）。因素三：40、41（均为就业附加价值）。

在第三部分影响因素分量表上，首次使用主成分直交转轴法因子分析法检验 KMO>0.8。提取三个因素，共解释 62.748%的变异量，各因素之间相关性较高，因此保留全部题项。提取三个因素后，得出因素分析输出结果，抽取的三个因素较之以往编制量表时的因素有较大不同。因素一：C6（家庭影响）、C8（家庭影响）、C9（学校影响）、C10（学校影响）、C11（学校影响）、C12（学校影响）。因素二：C3（社会影响）、C4（社会影响）、C5（家庭影响）。因素三：C1（社会影响）、C2（社会影响）、C7（学校影响）。

预测量表的信度分析。预测量表的效度分析完成之后，对人生价值观和就业价值观量表、影响因素量表进行信度分析。人生价值观分量表 ∝ 系数>0.8，为 0.884；就业价值观分量表 ∝ 系数>0.8，为 0.872；影响因素量表 ∝ 系数>0.8，为 0.873，表示分量表的内部一致性较高，信度甚佳（见表4-1）。

表4-1　可靠性统计量表分析

人生价值观分量表		就业价值观分量表		影响因素分量表	
Cronbach's Alpha	项数	Cronbach's Alpha	项数	Cronbach's Alpha	项数
0.884	18	0.872	13	0.873	12

2. 第二次预测。第一次预测之后，经项目分析检验后第二部分删除 8 个题项，保留 33 个题项，第三部分未删除题项。在信度效度分析后，第二部分再次删除 2 个题项，保留 31 个题项，第三部分未删除题项。但在信度效度检验中，第二部分和第三部分三个量表的内在构想也发生了变化。尤其是人生价值观量表和影响因素量表，后经专家检验效度分析后，认为第一次预测时题项删除较多后重新构建的分量表内部构想与问卷调查初期设想差别较大，应重新审视量表并进行第二次预测。

问卷项目编制修订。在第一次预测中，问卷第一部分中，题项 A8（您小学主要的居住形式）设计初始是希望探求小学居住形式与就业价值观关系，后经检验发现该题项与其他题项之间关联性较小，考虑删除 A8 题项。题项 A4（您在校期间每月的消费？）和题项 A11（您的家庭经济条件如何？）有重复，考虑删除题项 A4。在第二部分中，考虑在第一次预测时，第二部分人生价值观、就业价值观属于两个分量表应单独进行预测，因此将两个分量表进行分离，新的调查问卷共四个部分分量表。

在题项编制方面，原有第二部分中人生价值观分量表分为三种类型：奋斗型 & 享乐型、集体主义 & 个人主义、长远型 & 短视型。在新的量表里则明确将人生价值观量表分为 3 个维度，6 个类型。3 个维度分别为"人生目标"维度（指人生价值所追求的目标）：包括为社会集体服务 & 追求个人两种类型。"生活方式"维度（指达到人生目标的方式）：包括奋斗型 & 享乐型两种类型。"人生态度"维度（指对人生价值持有的态度）：包括长远型 & 短视型两种类型。修订完成后，第二部分 3 个维度 6 种类型共保留 24 个题项。

第三部分就业价值观维度，删除题项 40、41，保留题项 29、31、32、33、35、36、37、38。修改题项 30 为新题项：能够有所发展是我选择工作时看重的。仔细审视，工作环境和工作自由是两个不同概念，因此修改题项 34

为 2 个新题项：工作环境是我选择工作时看重的、工作自由是我选择工作时看重的。修改题项 39 为新题项：工作让我不断成长是我选择工作时看重的。新增新题项：感觉工作经常有新意是我选择工作时看重的。修订后，第三部分问卷为 13 个题项，分为内、外两个维度。

第四部分经与专家进行商议后，认为个人所遭遇的一些实际情况也是影响在校大学生就业价值观重要因素，影响因素分量表将社会、家庭、学校修订为社会、家庭、学校、个人。同时，结合第三章的访谈结论，第四部分影响因素应测量在校大学生人生价值观的影响因素。在社会维度，原有 4 个题项，修订为新的 4 个题项。家庭影响因素维度原有 4 个题项，修订为新的 3 个题项。学校影响因素维度原有 5 个题项，修订为新的 3 个题项。新增个人影响因素维度 3 个题项。修订后第四部分影响因素共有 13 个题项。

第二次预测对象选取。再次预测于 2019 年 4 月进行，仍然采用了方便样本，随机抽取形式抽样，抽样总体为西部某 211 高校某理工学院及某文科学院全体在校本科生 1078 人。在这些学生中采取随机抽样调查的方式抽取 300 名同学作为样本，共发放问卷 300 份，收回 251 份，其中 240 份有效，有效率为 95.62%。

第二次预测量表的项目分析。预测量表第二部分人生价值观分量表共 24 题，第三部分就业价值观分量表共 13 题，第四部分影响因素分量表共 13 题，对所有项目进行项目分析及独立样本 t 检验后，所有题目检验的 t 值均达显著（$p \leqslant 0.05$）。新编制量表第二、三、四部分检验后不需要删除任何题项。

第二次预测量表的效度和信度分析。第一是效度分析。对新的人生价值观量表、就业价值观量表、影响因素量表进行因素分析。人生价值观量表和就业价值观量表的反向题目均已经完成反向计分，因此在进行因素分析建构效度检验时不用再进行反向计分程序。在变量名称编码上，第二部分题项名称重新编码依序为 B1、B2、B3……B24；第三部分重新编码依序为 C1、C2、

C3……C13；第四部分重新编码依序为 D1、D2、D3……D13。后三个部分所有题项之和为 50 个题项。使用分析降维对三个分量表分别进行因子分析。第一部分根据专家建议将人生目标、生活方式、人生态度三个分量表分别使用主成分直交转轴法因子分析主成分分析法进行效度检验。对人生目标等三个分量表进行效度检验，KMO>0.6，可以进行因素分析。人生目标、生活方式分量表提取两个因素共解释 73.759% 变异量，对人生态度分量表同样提取两个因素共解释 50.678% 变异量，各因素之间相关性较高，证明修订后题项设置较好，得出因素分析输出统整结果。第三部分就业价值观量表进行效度检验，KMO>0.7，可以进行因素分析。提取三个因素，共解释 57.849% 变异量，各因素之间相关性较高，证明修订后题项设置较好，得出因素分析输出统整结果。第四部分影响因素量表在进行因子分析时，无法提取相应因素，将编制好的量表请本领域两位专家加以检视。专家根据各构念所包括的题项逐一检视后，查看题项内容基本能够测出构念所代表的内涵，再经过语句修正后，本部分量表效度良好。第二是信度分析。预测量表的效度分析完成之后，对人生价值观量表、就业价值观量表、影响因素量表进行信度分析。人生价值观分量表 $\propto$ 系数>0.8，为 0.812；就业价值观分量表 $\propto$ 系数>0.8，为 0.844；影响因素分量表 $\propto$ 系数>0.8，为 0.859，表示分量表的内部一致性较高，信度甚佳（见表4-2）。

表4-2　可靠性统计量表分析

人生价值观分量表		就业价值观分量表		影响因素分量表	
Cronbach's Alpha	项数	Cronbach's Alpha	项数	Cronbach's Alpha	项数
0.812	24	0.844	13	0.859	13

问卷经过两次预测，经专家检验后，量表最终获得较好的信度和效度，可以进行实测。最终版实测问卷第一部分题项共有 10 个，包括性别、年级、

学校类型、专业、民族、家庭所在地、家庭经济条件、是否独生子女、父亲的文化程度、母亲的文化程度。第二部分题项共 24 个，分为三个分量表，分别为人生目标、生活方式、人生态度。每一个分量表分为两个维度。第三部分题项共 13 个，分为内在就业价值、外在就业价值、就业附加价值三个维度。第四部分题项共 13 个，分为社会、家庭、学校、个人四个维度，全量表共有 60 题，见附录 2。

二、调研模型和样本

在上一节经过两次预测后，研究测试问卷已经有了较好的信度和效度，可以运用在正式测量中。本节使用修订后的问卷对包括新疆、西藏在内的全国 20 省区市 30 所大学的在校大学生就业价值观进行测量，主要目的是探究其人生价值观、就业价值观、影响因素以及三者之间的关系，对改进高校"三观"教育提供依据。

（一）调研模型建构

本章调研所使用的建模软件是 R 语言（RStudio）的一个集成开发环境（IDE）。该语言为使用者提供了多种多样的数据分析技术，内容几乎覆盖了任何一个类型的数据分析工作。同时，R 语言为使用者提供了一个可交互式环境，使用者可以进行交互式的数据分析，其核心设计理念是导入数据后，可在评估模型拟合结果基础上进行交叉验证，以达到在新数据上评估模型预测的效果（见图 4-1）。为再一次验证上一章的假设，使用下面四个模型进行验证。

1. 多元线性回归模型。设因变量为 y，k 个自变量分别为 x_1，x_2，$\cdots$，x_k，描述因变量 y 如何依赖于自变量和误差项的方程称为多元回归模型。其一般形式可以表示为：

$$y = \beta_0 + \beta_1 x_1 + \beta_2 x_2 + \cdots + \beta_k x_k + \varepsilon$$

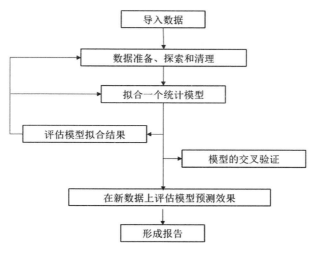

图 4-1 R 分析步骤图

式中，β_0，β_1，$\beta_2 \cdots \beta_k$ 是模型的参数；ε 为误差项。$\beta_0 + \beta_1 x_1 + \beta_2 x_2 + \cdots + \beta_k x_k$ 反映了由于 x 的变化而引起的 y 的线性变化；ε 是被称为误差项的随机变量，反映了除 x 和 y 之间线性关系之外的随机因素对 y 的影响，是不能由 x 和 y 之间的线性关系所揭示的变异性。[1] 该模型用于验证假设一、假设二。

2. 中介效应模型。中介模型（Mediation effect）近年来广泛应用在心理学和各类社会科学的研究中。中介效应模型可以分析自变量对因变量影响的过程和作用机制，相比单纯分析自变量对因变量影响的同类研究，中介分析不仅方法上有进步，而且往往能得到更多更深入的结果，这可以解释为什么中介分析受到重视。[2] 考虑自变量 X 对因变量 Y 的影响，如果 X 通过影响变量 M 而对 Y 产生影响，则称 M 为中介变量（见图 4-2）。该模型用于验证假设三。

① 贾俊平：《统计学》，中国人民大学出版社 2014 年版，第 298 页。
② 温忠麟、叶宝娟：《中介效应分析：方法和模型发展》，《心理科学进展》2014 年第 5 期。

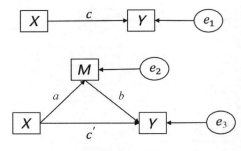

图 4-2　中介效应模型示意图

可用下列回归方程来描述变量之间的关系：

$$Y = cX + e_1 \qquad (1)$$

$$M = aX + e_2 \qquad (2)$$

$$Y = c'X + bM + e_3 \qquad (3)$$

其中方程（1）的系数 c 为自变量 X 对因变量 Y 的总效应；方程（2）的系数 a 为自变量 X 对中介变量 M 的效应；方程（3）的系数 b 是在控制了自变量 X 的影响后，中介变量 M 对 Y 的效应；系数 c' 是在控制了中介变量的影响后，自变量 X 对因变量 Y 的直接效应；$e_1 \sim e_3$ 是回归残差。对于这样的简单中介模型，中介效应等于简介效应，即等于系数乘积 ab，中介效应与总效应和直接效应有着下列关系，该模型用于检验假设四：

$$c = c' + ab \qquad (4)$$

3. 参数估计。参数估计是用样本统计量去估计总体的参数。如果将总体参数笼统地用一个符号 θ 来表示，而用于估计总体参数的统计量用 $\hat{\theta}$ 来表示，参数估计也就是如何用 $\hat{\theta}$ 来估计 θ。具体地说，我们要找到这样一个统计量 $\hat{\beta}$，它能够使得目标函数 $S(\beta) = \sum_{i=1}^{n}\left(y_i - \beta_0 - \beta_1 x_{i1} - \beta_2 x_{i2} - \cdots - \beta_p x_{ip}\right)^2$ 最小化，此估计方法被称为最小二乘法，由此产生的参数估计 $\hat{\beta}$ 被称为 β 的最小二乘估计，即最大似然估计。

4. 极大似然估计。极大似然估计法最早是由高斯在 1821 年提出，后来费舍尔在 1922 年再次提出，并证明了它的一些相关性质。设总体 X 的分布函数 $F(x; \theta)$ 的类型已知，$L(\theta)$ 为似然函数，θ 为未知参数，Θ 为参数空间，$x_1, x_2, \cdots, x_n$ 为 X 的一个样本值，若存在 $\hat{\theta} \in \Theta$，使得下式成立：

$$L(\hat{\theta}) = L(x_1, x_2, \cdots, x_n; \hat{\theta}) = \max_{\theta \in \Theta} L(x_1, x_2, \cdots, x_n; \hat{\theta})$$

则称 $\hat{\theta} = \hat{\theta}(x_1, x_2, \cdots, x_n)$ 是 θ 的一个极大似然估计值，而 $\hat{\theta} = \hat{\theta}(X_1, X_2, \cdots, X_n)$ 为 θ 的一个极大似然估计量。

（二）正式调查的样本

社会研究方法认为"大型调查类，样本规模在 1000～3000 之间"[1]，因此，本章调研首先将总体样本定为 3000 个，随后，研究采用分层整体抽样法对全国七大地区院校进行抽样，最终调查开展于 2018 年 5 月。在院校选取上，在全国华东、华南、华中、华北、西北、西南、东北七大地区共 20 个省份随机抽取重点本科、普通本科、专门学院、高职高专四类共 30 所高校。其中重点院校为 9 所，占比 30%；普通本科高校为 7 所，占比 23.3%；专门学院为 7 所，占比 23.3%；高职高专为 7 所，占比 23.4%。共发放 3000 份问卷，回收问卷 2556 份（见表 4-3）。剔除无效问卷后，有效问卷 2098 份，有效率 82.08%，人口学统计情况如下（见表 4-4）。

---

① 风笑天：《社会研究方法》（第四版），中国人民大学出版社 2013 年版，第 137 页。

表4-3 各高校问卷发放和回收数量统计表

序号	学校名称	学校类型	发放数量	发放时间	回收时间	回收数量	所属省份	所属地区
1	济宁学院	专门学院	100	2018.5.17	2018.5.27	72	山东	
2	华东师范大学	重点本科	100	2018.5.18	2018.6.1	88	上海	
3	盐城工业职业技术学院	高职高专	100	2018.5.17	2018.6.2	78	江苏	华东地区
4	浙江传媒学院	高职高专	100	2018.5.18	2018.6.1	79	浙江	
5	闽南师范大学	普通本科	100	2018.5.18	2018.6.7	77	福建	
6	广东职业技术学院	高职高专	100	2018.5.17	2018.5.26	88	广东	华南地区
7	海南职业技术学院	高职高专	100	2018.5.19	2018.5.27	89	海南	
8	信阳师范学院	专门学院	100	2018.5.17	2018.5.24	93	河南	
9	信阳职业技术学院	高职高专	100	2018.5.17	2018.5.24	90	河南	
10	许昌学院	专门学院	100	2018.5.17	2018.5.20	89	河南	
11	周口师范学院	专门学院	100	2018.5.17	2018.5.27	67	河南	华中地区
12	河南理工大学	普通本科	100	2018.5.17	2018.5.20	86	河南	
13	华中师范大学	重点本科	100	2018.5.18	2018.5.31	85	湖北	
14	湖南大学	重点本科	100	2018.5.19	2018.6.5	72	湖南	
15	武汉大学	重点本科	100	2018.5.21	2018.6.5	95	湖北	
16	北京化工大学	重点本科	100	2018.5.18	2018.6.7	88	北京	
17	北京师范大学	重点本科	100	2018.5.18	2018.6.3	89	北京	
18	北京理工大学	重点本科	100	2018.5.18	2018.6.17	71	北京	
19	天津工艺美术职业学院	高职高专	100	2018.5.18	2018.6.5	84	天津	华北地区
20	天津大学仁爱学院	专门学院	100	2018.5.18	2018.5.27	91	天津	
21	太原理工大学	普通本科	100	2018.5.18	2018.6.28	86	山西	

序号	学校名称	学校类型	发放数量	发放时间	回收时间	回收数量	所属省份	所属地区
22	渭南师范学院	专门学院	100	2018.5.17	2018.5.29	92	陕西	西北地区
23	新疆医科大学	普通本科	100	2018.5.18	2018.5.28	78	新疆	
24	西南交通大学	重点本科	100	2018.5.18	2018.5.29	97	四川	西南地区
25	成都体育学院	专门学院	100	2018.5.17	2018.5.31	83	四川	
26	成都职业技术学院	高职高专	100	2018.5.17	2018.6.2	93	四川	
27	重庆交通大学	普通本科	100	2018.5.17	2018.5.26	86	重庆	
28	西藏大学	普通本科	100	2018.5.18	2018.6.4	90	西藏	
29	黑龙江大学	普通本科	100	2018.5.17	2018.6.5	88	黑龙江	东北地区
30	大连理工大学	重点本科	100	2018.5.18	2018.6.15	92	辽宁	
合计	总问卷发放数：3000				总回收问卷数：2556			

表4-4　问卷人口学统计表

变量		数量（人）	占比（%）	变量		数量（人）	占比（%）
性别	男	918	43.76	民族	汉族	1860	88.66
	女	1180	56.24		少数民族	238	11.34
年级	一年级	668	31.84	家庭所在地	大城市	245	11.68
	二年级	486	23.16		中等城市	439	20.92
	三年级	534	25.46		小城市	530	25.26
	四年级	410	19.54		乡镇	256	12.20
	哲学	84	4.00		农村	628	29.94
	经济学	184	8.77	家庭经济条件	困难	307	14.63
	法学	56	2.67		一般困难	734	34.99
	教育学	171	8.15		不困难	852	40.61
	文学	48	2.29		较好	183	8.72

变量		数量(人)	占比（%）	变量		数量(人)	占比（%）
专业	历史学	2	0.09	独生子女	非常好	22	1.05
	理学	55	2.62		是	712	33.94
	工学	671	31.98		否	1386	66.06
	农学	22	1.05	父亲文化程度	小学及以下	375	17.87
	医学	163	7.77		初中	858	40.90
	军事学	8	0.38		高中	545	25.98
	管理学	137	6.54		大学	291	13.87
	艺术学	497	23.69		研究生及以上	29	1.38
学校类型	重点本科	579	27.60	母亲文化程度	小学及以下	612	29.17
	普通本科	826	39.37		初中	773	36.84
	高职高专	408	19.45		高中	495	23.73
	专门学院	285	13.58		大学	202	9.63
	——	——	——		研究生及以上	16	0.63

三、描述性统计分析结果

通过问卷调查，将在校大学生的人生价值观、就业价值观、影响因素进行调研。同时，通过将问卷第一部分人口学统计指标中的性别、年级、学校类型、专业、民族、家庭所在地、家庭经济条件、是否独生子女、父母文化程度与第二部分人生价值观、第三部分就业价值观、第四部分影响因素分别进行描述性统计、独立样本 t 检验以了解其相关性。

（一）人生价值观：集体主义是主流，奋斗和享乐并存，长远和短视并存

调查显示，在校大学生的人生价值观总体来说是积极向上的，大部分在校大学生具有长远明确的人生目标。部分在校大学生倡导奋斗和享乐并行，少部分在校大学生更看重当下，不相信未来通过自我努力能够有所改变，略有些消极。具体来说，在人生目标维度，以集体主义、社会主义价值观为主流价值取向。对"人生应该对他人有帮助、对社会有意义""个人利益应该与民族、国家的利益相结合""为了集体利益，必要时可以牺牲个人利益"3个正向题项选择，非常符合和比较符合的人数占比均超过60%。其中第一项最高，占比83.13%（1744人）。说明大部分在校大学生仍然认为人生价值体现在对他人有帮助、对社会有意义，对于是否要如焦裕禄、孔繁森那样为集体牺牲自我表现得则较为理智。说明集体主义、社会主义教育取得了较好效果。

在生活方式上，大部分在校大学生认为人生应该有自己的意义和价值，应该努力奋斗。如在"人应该有自己的理想，不断追求""人应该有自己的价值和意义"两个正向题项上，选择非常符合和比较符合的合计占比均超过90%以上。在"人活着应该奋斗终生""人生应该是忙碌、充实的"两个正向题项上，选择非常符合和比较符合的占比也都超过了65%。也有一部分在校大学生受到享乐主义的影响，在"人生苦短，应该及时行乐""人生最重要是生活舒服、安逸"题项上选择非常符合和比较符合的均超过35%。这说明在校大学生在生活方式上是奋斗和享乐两手抓，二者不是非此即彼的关系。这也间接解释了大学生基层就业遇冷的原因，说明"三观"教育在就业引导中关于基层就业的引导还不够，让大学毕业生认为基层就业等于待遇差、生活艰辛。

在人生态度维度，大部分在校大学生都能够有长远的目标。例如，在

"认为人生应该有规划""万事万物都在发展，要用发展的眼光看待人生""认为人生应该有远大的目标"3个正向题项上选择非常符合和比较符合的均超过75%。但仍有部分在校大学生更相信变化，认为没必要有计划。在"认为人生的计划不如变化"上选择非常符合和比较符合的占比较高，为53.67%（1126人）（详见表4-5）。

表4-5　人生价值观调查结果

序号	题项	非常符合	比较符合	中立	比较不符合	非常不符合
B1	人应该有自己的理想，不断追求	1192/56.82%	700/33.37%	193/9.2%	4/0.2%	9/0.41%
B2	认为人生没有必要有目标，走一步看一步	117/5.58%	201/9.58%	416/19.83%	732/34.89%	632/30.12%
B3	从未考虑过为了集体利益牺牲个人利益	110/5.24%	213/10.15%	488/23.26%	679/32.36%	608/28.99%
B4	人应该有自己的价值和意义	1218/58.06%	696/33.17%	145/6.91%	31/1.48%	8/0.38%
B5	我认为考虑所有事都应该先从个人出发	116/5.53%	233/11.11%	748/35.65%	649/30.93%	352/16.78%
B6	认为人无远虑必有近忧	470/22.4%	740/35.27%	686/32.7%	153/7.3%	49/2.33%
B7	今朝有酒今朝醉，要趁年轻多享受	143/6.82%	361/17.21%	683/32.55%	607/28.93%	304/14.49%
B8	今天只考虑今天的事，明天的事明天再说	83/3.96%	245/11.68%	550/26.22%	800/38.13%	420/20.01%
B9	我想做焦裕禄、孔繁森那样的人	300/14.3%	528/25.17%	907/43.23%	275/13.11%	88/4.19%
B10	认为人生的计划不如变化	360/17.16%	766/36.51%	721/34.37%	198/9.48%	53/2.48%
B11	个人利益应该与民族、国家的利益相结合	772/36.8%	883/42.08%	368/17.54%	60/2.86%	15/0.72%
B12	人生最重要是生活舒服、安逸	226/10.77%	521/24.83%	740/35.27%	424/20.21%	187/8.92%

序号	题项	非常符合	比较符合	中立	比较 不符合	非常 不符合
B13	万事万物都是不变的，没必要想太多	131/6.24%	272/12.96%	510/24.31%	721/34.37%	464/22.12%
B14	人活着应该奋斗终生	652/31.08%	776/36.99%	515/24.55%	115/5.48%	40/1.9%
B15	人都是自私的，每个人都只是为自己活着	137/6.53%	232/11.06%	579/27.6%	708/33.75%	442/21.06%
B16	认为人生应该有远大的目标	796/37.94%	834/39.75%	408/19.45%	45/2.14%	15/0.72%
B17	人生应该是忙碌、充实的	624/29.74%	911/43.42%	448/21.35%	91/4.34%	24/1.15%
B18	个人利益不应让位于民族、国家的利益	108/5.15%	171/8.15%	341/16.25%	676/32.22%	802/38.23%
B19	认为人生应该有规划	865/41.23%	956/45.57%	232/11.06%	36/1.72%	9/0.42%
B20	人生应该对他人有帮助、对社会有意义	762/36.32%	982/46.81%	307/14.63%	39/1.86%	8/0.38%
B21	人生苦短，应该及时行乐	265/12.63%	516/24.59%	695/33.13%	441/21.02%	181/8.63%
B22	万事万物都在发展，要用发展的眼光看待人生	930/44.33%	902/43%	219/10.44%	40/1.91%	7/0.32%
B23	人生最重要的是追求个人的物质生活享受	156/7.44%	312/14.87%	751/35.8%	579/27.6%	300/14.29%
B24	为了集体利益，必要时可以牺牲个人利益	447/21.31%	864/41.18%	599/28.55%	149/7.1%	39/1.86%

（二）就业价值观总体特征：认可"为集体奉献"，却难以付诸行动，知行难合一

问卷调查结果显示，在校大学生就业价值观最为看重的是与职业本身性质有关的内在就业价值，每个变量按照选择非常符合和比较符合的总比例排序，前三名分别为：发展、兴趣、成长。结合前文人生价值观调查现状，调研发现，在回答人生是否应该"为集体奉献"时，大部分在校大学生选择了"是"这个选项，但实际择业中却倾向个人实际需求，很少考虑职业的社会

价值。说明在校大学生们在回答问卷调查时都能够有较为正确的"答案"，但具体行为却不一定能够做到，或许对于集体和个人关系的认识有所偏差，出现"思想"和"行动"不能统一的问题。

与职业本身性质无关的外在就业价值包括安稳、自由、人际关系、工作环境、薪酬待遇 5 个变量。每个变量按照选择非常符合和比较符合的总比例排序依次为工作环境、薪酬待遇、自由、人际关系、安稳，这与第三章定性调研结果较为一致，说明在校大学生对待薪酬已经较为理性。同时，安稳为内外在就业价值观排序最后一位，说明新时代大学生对于职业选择较为理智，也更乐于接受变化，对于工作的安稳性没那么看重。

在最后一个维度，职业额外获得的因素就业附加价值上，该维度得分最高的是工作成就感，而企业知名度和专业对口都是当前在校大学生求职最不看重的。这两个题项，选择非常符合和比较符合的均不到 60%。对比第三章访谈调研结果，说明在校大学生与 20 世纪八九十年代大学生在就业价值观上有明显差异，不再将公司知名度、专业对口看作求职的最重要因素，更为理智对待求职（详见表 4-6）。

表 4-6 就业价值观调查结果

序号	题项	非常符合	比较符合	中立	比较 不符合	非常 不符合
C1	工作有成就感是我选择工作时看重的	599/28.55%	1050/50.05%	412/19.64%	31/1.48%	6/0.28%
C2	对工作有兴趣是我选择工作时看重的	724/34.51%	1096/52.24%	260/12.39%	15/0.71%	3/0.15%
C3	轻松、稳定是我选择工作时看重的	348/16.59%	841/40.06%	727/34.65%	148/7.05%	34/1.65%
C4	感觉工作经常有新意是我选择工作时看重的	406/19.35%	940/44.8%	642/30.6%	99/4.72%	11/0.5%

序号	题项	非常符合	比较符合	中立	比较 不符合	非常 不符合
C5	公司知名度是我选择工作时看重的	260/12.4%	747/35.61%	885/42.18%	173/8.25%	33/1.56%
C6	专业对口是我选择工作时看重的	381/18.16%	842/40.13%	701/33.41%	138/6.58%	36/1.72%
C7	工作让我不断成长是我选择工作时看重的	726/34.6%	1030/49.09%	309/14.73%	27/1.29%	6/0.29%
C8	对他人有帮助、对社会有意义是我选择工作时看重的	503/23.98%	939/44.76%	586/27.93%	60/2.86%	10/0.47%
C9	能够有所发展是我选择工作时看重的	777/37.04%	1048/49.95%	252/12.01%	16/0.76%	5/0.24%
C10	工作自由是我选择工作时看重的	437/20.83%	944/45%	618/29.46%	87/4.15%	12/0.56%
C11	人际关系是我选择工作时看重的	440/20.97%	938/44.71%	610/29.08%	95/4.53%	15/0.71%
C12	薪酬、待遇是我选择工作时看重的	642/30.6%	1021/48.67%	381/18.16%	43/2.05%	11/0.52%
C13	工作环境是我选择工作时看重的	654/31.17%	1097/52.29%	294/14.01%	47/2.24%	6/0.29%

综观在校大学生就业价值观调研结果，无论是内在就业价值维度还是外在就业价值维度和就业附加价值，选择非常符合和比较符合占比在80%以上的，从高到低排序依次为发展、兴趣、成长、工作环境。最不看重的依次为企业知名度、安稳、专业对口。由此可见，一般研究中所描述大学生求职"千篇一律"地只看薪酬，事实上并不是这样。薪酬待遇对在校大学生来说并不是唯一重要的因素，他们在就业价值观上更看重的是能否满足诸如发展、成长等内在需求。对于企业知名度、专业对口等外在因素不太看重，对于工作是否要对社会有所贡献也有所考虑。

总体来说，在校大学生们对于发展、兴趣、成长以及工作环境的需求远远大于对自身成就感以及为他人、社会做贡献的需求。表明大学生们的就业价值观实际上是较为贴近个人实际生活的，在引导在校大学生们择业时将自身与社会、国家需求结合方面还需要进一步提升教育实效，此结论与第三章质性结论也较为一致（见表4-7）。

表4-7　就业价值观各变量调查结果比较

题项号	题项	非常符合与比较符合合计占比	排序
C1	工作有成就感是我选择工作时看重的	1649/78.6%	6
C2	对工作有兴趣是我选择工作时看重的	1820/86.75%	2
C3	轻松、稳定是我选择工作时看重的	1189/56.65%	12
C4	感觉工作经常有新意是我选择工作时看重的	1346/64.15%	10
C5	公司知名度是我选择工作时看重的	1007/48.01%	13
C6	专业对口是我选择工作时看重的	1223/58.29%	11
C7	工作让我不断成长是我选择工作时看重的	1756/83.69%	3
C8	对他人有帮助、对社会有意义是我选择工作时看重的	1442/68.74%	7
C9	能够有所发展是我选择工作时看重的	1825/86.99%	1
C10	工作自由是我选择工作时看重的	1381/65.83%	8
C11	人际关系是我选择工作时看重的	1378/65.68%	9
C12	薪酬、待遇是我选择工作时看重的	1663/79.27%	5
C13	工作环境是我选择工作时看重的	1751/83.46%	4

（三）最大的影响：个人人生经历

问卷调查结果显示，在校大学生人生价值观受到社会、家庭、学校、个人四方面的影响。与上一章对于大学毕业生调研较为相似的是，在校大学生受到个人人生经历影响同样大于其他三个因素，家庭其次，最后是学校、社会影响。在"人生经历容易影响我的人生价值观"题项上，选择非常符合和比较符合的占比高达84.75%（1778人）。说明在校大学生最容易受到的是自身的影响，尤其是自身人生经历和生活对自己的影响较大，这与本书第三章中访谈调查的结果较为一致。在家庭影响因素维度，三个题项在非常符合和比较符合合计占比上都超过60%，其中父母是最大影响因素。在学校影响因素维度上，只有"学校氛围环境容易影响我的人生价值观"在非常符合和比较符合上合计占比超过60%，为62.77%（1317人），老师、同学朋友均未超过60%。此结论与第三章定性研究中教师对大学毕业生影响较大的结果略有不同，可能对在校大学生来说，学校教师更多地代表他们的大学老师；对毕业生来说，教师可能代表从小到大对他有影响的老师，或许间接说明高校教师队伍的整体质量有所下降。在社会影响因素维度，在校大学生认为对其影响最大的是社会变化和杰出人物，说明偶像的力量对于青年的影响力是巨大的。另外，有将近40%的在校大学生还不能很好地判断媒体网络对其的影响，书报杂志等传统媒体已不再是在校大学生获取信息的主流渠道（见表4-8），假设三、假设七到假设十成立。

表4-8　影响因素调查结果

序号	题项	非常符合	比较符合	中立	比较不符合	非常不符合
D1	媒体网络容易影响我的人生价值观	248/11.82%	639/30.46%	837/39.9%	305/14.54%	69/3.28%
D2	老师容易影响我的人生价值观	283/13.49%	960/45.76%	662/31.55%	156/7.44%	37/1.76%
D3	杰出人物容易影响我的人生价值观	349/16.63%	983/46.85%	607/28.93%	134/6.39%	25/1.2%
D4	亲戚和父母朋友的看法容易影响我的人生价值观	353/16.83%	964/45.95%	611/29.12%	132/6.29%	38/1.81%

续表

序号	题项	非常符合	比较符合	中立	比较 不符合	非常 不符合
D5	现在生活容易影响我的人生价值观	380/18.11%	1069/50.95%	526/25.07%	101/4.81%	22/1.06%
D6	书报杂志容易影响我的人生价值观	228/10.87%	658/31.36%	896/42.7%	263/12.54%	53/2.53%
D7	社会变化容易影响我的人生价值观	320/15.25%	1026/48.9%	590/28.12%	134/6.39%	28/1.34%
D8	人生意外容易影响我的人生价值观	388/18.49%	947/45.14%	608/29%	123/5.86%	32/1.51%
D9	家庭背景容易影响我的人生价值观	373/17.78%	917/43.71%	589/28.07%	176/8.39%	43/2.05%
D10	学校氛围环境容易影响我的人生价值观	375/17.87%	942/44.9%	619/29.5%	132/6.29%	30/1.44%
D11	人生经历容易影响我的人生价值观	673/32.08%	1105/52.67%	267/12.73%	47/2.24%	6/0.28%
D12	父母容易影响我的人生价值观	477/22.74%	962/45.85%	536/25.55%	95/4.53%	28/1.33%
D13	同学朋友容易影响我的人生价值观	255/12.15%	711/33.89%	817/38.94%	247/11.77%	68/3.25%

（四）女性大学生或许更注重活在当下；独生子女的规划性、奉献社会的可能性或许更高

将问卷第一部分人口学统计指标中的性别、年级、学校类型、专业、民族、家庭所在地、家庭经济条件、是否独生子女、父母文化程度与第二部分"三观"、第三部分就业价值观、第四部分影响因素分别进行描述性统计分析。其中人口学统计指标最后两项父亲文化程度和母亲文化程度因对在校大学生的影响属于同一类影响，因此合并为一项进行分析。调研结果发现：人生目标、人生态度上男女差异较显著；人生目标、人生态度、就业价值观、影响因素家庭上独生子女和非独生子女差异显著；就业价值观上父母受教育

程度带来显著差异，其余项次经描述性统计分析均为不显著。

　　人生目标维度共有 8 个题项，B9、B11、B20、B24、B3、B5、B15、B18 中前四个题项代表人生目标是为社会集体服务，后四个题项代表追求个人。在该部分进行描述性统计发现，女性相对男性来说，在人生目标（为个人）维度上平均得分更高（见图4-3）。这说明女性在校大学生的人生目标追求相对男性在校大学生来说可能更注重享乐，并更崇尚个性。中国传统文化赋予男性更多的责任和义务，所以女性在人生目标设定上往往更能按照自己的想法进行选择，活得更潇洒。而独生子女相较于非独生子女在为社会、集体服务上平均得分更高（见图4-4）。可能由于独生子女的家庭资源完全倾向于独生子女，家庭经济条件上相比非独生子女更为宽裕，独生子女感受不到太多社会现实压力，可能更能有更多服务他人的想法。同时，假设一成立。

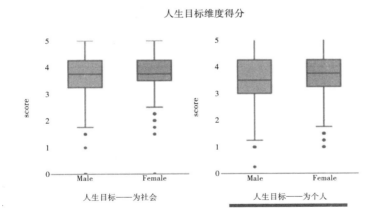

图4-3 "人生目标"维度性别得分差异

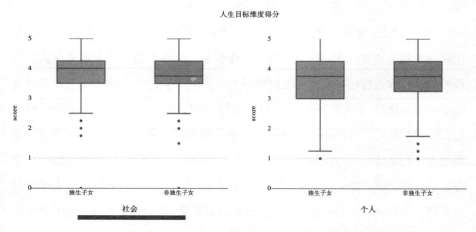

图4-4　"人生目标"维度是否独生子女得分差异

在人生态度维度上共有8个题项，前四题代表人生态度较为长远，后四题代表人生态度较为短视。在进行描述性统计分析时发现，女性相较男性，人生态度在短视维度平均得分更高；相反，男性更为长远（见图4-5）。这

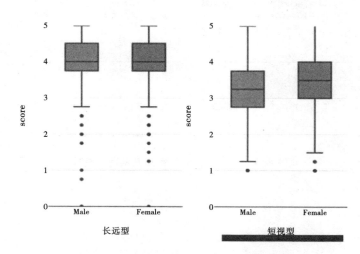

图4-5　"人生态度"维度性别得分差异

可能与男女之间的性格差异有关，女性较之男性可能在未来规划和考虑问题方面没有更为周全和长远的打算。这也与前述人生目标上女性较之男性更为看重自由、享乐吻合。是否独生子女在人生态度两个维度上均有显著差异。独生子女在人生态度长远型上相对于非独生子女得分更高，在人生态度短视型方面相比非独生子女得分更低。这说明独生子女相对于非独生子女在人生态度上可能眼光更为长远，更加具有规划性。非独生子女可能因为家庭资源的不足，则更为在意眼前的效益，更愿意活在当下，不愿意想更多未来的事（见图4-6）。同时，假设一成立。

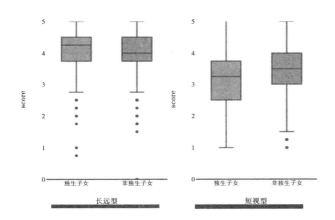

图4-6 "人生态度"维度是否独生子女得分差异

（五）父母受教育程度越低，子女对于薪酬、发展要求越高

在第三部分就业价值观维度上，独生子女和非独生子女在外在就业价值以及就业附加价值两个维度有显著差异，父母受教育程度在外在就业价值上有显著差异，其余均不显著。独生子女在外在就业价值以及就业附加价值两个部分得分均显著高于非独生子女（见图4-7）。说明独生子女更为看重与工作本身性质无关而额外获得的一些因素，如公司知名度、专业对口、工作环境的安全性、工作带来的报酬、工作中同事关系等。在父母受教育程度上将其分为四个类次，第一类：父母学历均为大学及以上（Rank1）；第二类：父母有一方学历为大学及以上（Rank2）；第三类：其余类型（Rank3）；第四类：父母学历均为初中及以下（Rank4）（以下同）。第四类父母学历均为初中及以下在外在就业价值维度得分最低，与其他三类有显著差异。说明父母学历较低的子女对于工作环境、同事关系要求较低，对于薪酬、发展等要求更高（见图4-8）。同时，假设二成立。

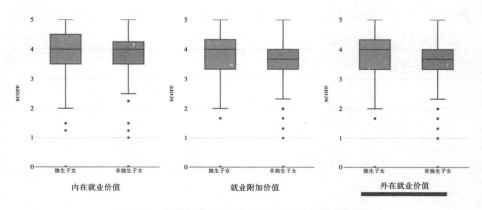

图4-7　就业价值观维度是否独生子女得分差异

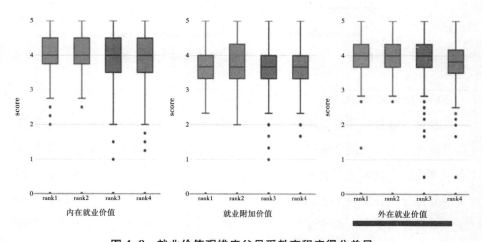

图4-8　就业价值观维度父母受教育程度得分差异

随后，将父母受教育程度与第二、第三、第四部分进行单因素方差分析，发现父母受教育程度显著影响子女内在"三观"，尤其是其生活方式中是否为奋斗型影响显著（见表4-9）。生活方式（奋斗型）通过方差检验，单因素方差分析显著，从事后检验结果看出，Rank1与Rank3、Rank4三组样本存在差异。

表4-9　父母受教育程度变量独立样本 t 检验

变量	变量水平	平均数	标准差	t	显著性（双尾）
父母教育水平等级	父母学历均为大学及以上	2.941	0.949	2.655	0.047*
	父母有一方学历为大学及以上	3.081	0.882		
	其余	3.083	0.889		
	父母学历均为初中及以下	3.125	0.868		

注：p<0.05 标注为*，p<0.01 标注为**，p<0.001 标注为***

父母受教育程度对影响因素进行单因素方差分析计算，主要对影响因素中的家庭维度有显著差异（见表4-10）。通过方差齐次性检验，单因素方差分析显著，从事后检验结果看出，Rank4与Rank1、Rank2、Rank3三组样本存在差异，即父母受教育等级越高，该维度得分越高。这说明，父母受教育程度对子女教育有显著影响，且父母受教育程度越高，对于子女的"三观"影响越大，也说明不能一味夸大学校教育的重要性，应该重视家庭教育对子女"三观"的影响。

表4-10　父母受教育程度与影响变量独立样本 t 检验

变量	变量水平	平均数	标准差	t	显著性（双尾）
父母教育水平等级	父母学历为大学及以上	3.840	0.851	3.789	0.0107**
	父母有一方学历为大学及以上	3.794	0.814		
	其余	3.751	0.972		
	父母学历均为初中及以下	3.675	0.713		

注：p<0.05 标注为*，p<0.01 标注为**，p<0.001 标注为***

（六）独生子女对于就业要求更高，更易受家庭和自身影响

是否独生子女因素在"三观"中人生目标（个人）、生活方式（努力型）、生活方式（享乐型）、人生态度（短视型），就业价值观中内在就业价值、就业附加价值、外在就业价值，影响因素中家庭、个人这9个维度均有显著差异（见表4-11）。统计结果显示，独生子女在内在就业价值、就业附加价值、外在就业价值三个维度，受家庭影响、个人影响的得分较高。说明独生子女对于就业价值观的需求，无论是内在就业价值观还是外在就业价值观的要求都更高，并且更容易受到家庭和自身因素的影响，这与上一部分相关调研的结论较为一致。

表4-11　性别因素独立样本 t 检验

维度	是否独生子女	平均数	标准差	t	显著性（双尾）
人生目标（个人）	独生子女	3.524	0.974	-4.465	0.000 ***
	非独生子女	3.691	0.840		
生活方式（努力型）	独生子女	4.126	0.706	-2.064	0.039 *
	非独生子女	4.187	0.690		
生活方式（享乐型）	独生子女	3.005	0.948	-3.632	0.000 ***
	非独生子女	3.139	0.845		
人生态度（短视型）	独生子女	3.227	0.871	-4.585	0.000 ***
	非独生子女	3.383	0.775		
就业价值观（内在就业价值）	独生子女	4.017	0.660	2.067	0.039 *
	非独生子女	3.961	0.643		
就业价值观（就业附加价值）	独生子女	3.789	0.763	2.548	0.011 *
	非独生子女	3.715	0.662		
就业价值观（外在就业价值）	独生子女	3.980	0.570	4.262	0.000 ***
	非独生子女	3.876	0.585		

维度	是否独生子女	平均数	标准差	t	显著性（双尾）
影响因素（家庭）	独生子女	3.799	0.971	3.360	0.001***
	非独生子女	3.683	0.729		
影响因素（个人）	独生子女	3.897	0.713	2.469	0.014*
	非独生子女	3.826	0.676		

注：$p<0.05$ 标注为*，$p<0.01$ 标注为**，$p<0.001$ 标注为***。

（七）独立学院、高职高专类学生可能更看重薪酬，受到学校、家庭影响较小

将学校类型与所有部分进行独立样本方差分析，Rank1为重点本科院校，Rank2为普通本科院校，Rank3为独立学院，Rank4为高职高专。结果显示，独立学院、高职高专院校在就业价值观中内在就业价值得分、生活方式（奋斗型）上有显著差异，此类学生对内在就业价值的看重程度明显低于前两个等级的学校（见表4-12）。说明高职高专院校的在校大学生可能更看重工作报酬、是否有一定知名度、是否专业对口、是否有和谐同事关系等因素，不太看重个人理想实现、为社会做贡献、个人成长、工作兴趣等。独立院校、高职高专院校在校大学生在生活方式选择上可能更倾向于享受型的生活方式。这或许与学校培养目标差异有一定关系，本科院校更倾向于培养学生综合素养，更注重激发学生个人理想和社会责任感，独立院校、高职高专类学校更倾向于培养具有某种专业技能的毕业生。此外，独立学院和高职高专学校的在校大学生在影响因素（学校）的得分上明显少于前两类学校。说明可能高职高专、独立院校的教育方式和环境等对学生人生价值观总体来说影响较小，从另外一方面来说，高职高专、独立院校类在校大学生可能更为独立，不会被家庭、学校所影响。

表4-12　不同类型的高校内在就业价值观、生活方式得分差异

内在就业价值观	Rank1 (重点本科)	Rank2	0.01419	0.07684	0.853	-0.1365	0.1649
		Rank3	0.14925*	0.05589	0.008	0.0397	0.2589
		Rank4	0.27153*	0.09684	0.005	0.0816	0.4614
	Rank2 (普通本科)	Rank1	-0.01419	0.07684	0.0853	-0.1649	0.1365
		Rank3	0.13506	0.09160	0.140	-0.0445	0.3147
		Rank4	0.25734*	0.1201	0.034	0.0201	0.4946
	Rank3 (独立学院)	Rank1	-0.14925*	0.05589	0.008	-0.2589	-0.0397
		Rank2	-0.13506	0.09160	0.140	-0.3147	0.0445
		Rank4	0.12228	0.10891	0.262	-0.0913	0.3358
	Rank4 (高职高专)	Rank1	-0.27153*	0.09684	0.005	-0.4614	-0.0816
		Rank2	-0.25734*	0.12101	0.034	-0.4946	-0.0201
		Rank3	-0.12228	0.10891	0.262	-0.3358	0.0913
生活方式 (奋斗型)	Rank1 (重点本科)	Rank2	-0.01911	0.06501	0.769	-0.1466	0.1084
		Rank3	0.10660*	0.04729	0.024	0.0139	0.1993
		Rank4	0.39998*	0.08192	0.000	0.2393	0.5606
	Rank2 (普通本科)	Rank1	0.01911	0.6501	0.024	-0.1084	0.1466
		Rank3	0.12571	0.07749	0.105	-0.0262	0.2777
		Rank4	0.41909*	0.10237	0.001	0.2183	0.6198
	Rank3 (独立学院)	Rank1	-0.10660*	0.04729	0.024	-0.1993	-0.0139
		Rank2	-0.12571	0.07749	0.105	-0.2777	0.0262
		Rank4	0.29338*	0.09214	0.001	0.1127	0.4741
	Rank4 (高职高专)	Rank1	-0.39998*	0.08192	0.000	-0.5606	-0.2393
		Rank2	-0.41909*	0.10237	0.000	-0.6198	-0.2182
		Rank3	-0.29338*	0.09214	0.001	-0.4741	-0.1127

四、关联性统计分析结果

为了验证在校大学生人生价值观是否显著影响就业价值观且具有人口学

上的差异、就业价值观与"三观"及影响因素三者之间的关系，运用回归方程模型以及中介效应模型对假设一、二、三、四、五、六、十一进行验证。

（一）回归分析验证在校大学生人生价值观显著影响就业价值观

为验证假设一中在校大学生的人生价值观是否显著影响其就业价值观以及在人口学指标和影响因素上是否有差异，使用多元回归模型进行验证。将在校大学生就业价值观中内在就业价值、外在就业价值、就业附加价值三个部分设置为因变量，其余所有要素设置为自变量，发现它们之间具有相应的关联性，调研分析所得结论如下。

1. 积极价值取向带来职业成长的关注；独立院校、高职高专学生可能更为实际。当因变量为就业价值观，分别将内在就业价值、外在就业价值、就业附加价值作为因变量，将所有自变量放入多元线性回归模型下研究。得到归回验证模型输出，其中因变量为内在就业价值，自变量中个人影响因素、社会影响因素、人生目标（为社会）、生活方式（奋斗型）、人生态度（长远型）、年级、家庭所在地通过了 10% 及以下的显著性检验（见表 4-13）。初步结果显示，在校大学生的人生价值观显著影响其内在就业价值观，且在校大学生人生价值观中正向题项与内在就业价值呈正相关关系，则假设一到假设六成立。

表 4-13 "内在就业价值"为因变量回归统计结果

解释变量	系数	标准误差	t 值	P 值
社会影响因素	0.059	0.022	2.730	0.00639 **
个人影响因素	0.100	0.021	4.752	0.000 ***
人生目标（为社会）	0.228	0.021	11.078	0.000 ***
生活方式（奋斗型）	0.188	0.024	7.844	0.001 ***
人生态度（长远型）	0.165	0.026	6.416	0.001 ***
年级（一年级）	0.057	0.027	2.118	0.03430 *

解释变量	系数	标准误差	t 值	P 值
家庭所在地（农村）	−0.100	0.038	−2.600	0.00940 **

注：*、**、*** 分别为通过 10%、5%、1% 的显著性检验。

不难看出，在就业价值观的基础之上，在校大学生人生价值观中正向题项得分越高，内在就业价值得分越高，个人、学校、社会影响得分越高。这说明，在校大学生的人生价值观越倾向于集体主义、社会主义、奋斗型、长远型，越注重职业带来的成长、理想实现等。这些往往与社会影响、学校教育、个人认知影响相关。而在人口学指标上，与大城市相比，农村、小城市和中等城市的在校大学生内在就业价值得分较低。说明大中城市家庭出生的在校大学生可能更认可职业的利他性和为社会奉献。独立学院、高职高专的在校大学生在内在就业价值上的得分较低，说明独立学院、高职高专类学生可能更加看重薪酬、个人发展等。

2. 高年级学生、文科生的就业价值或许更为实际。将因变量作为外在就业价值进行回归模型分析，从统计结果中可以看出，个人影响因素、家庭影响因素、人生目标（为社会）、生活方式（奋斗型）、人生态度（长远型）、学科、年级、家庭所在地、非独生子女、学校类型通过了 10% 及以下的显著性检验。该模型还验证了在校大学生人生价值观中正向题项与就业价值观中外在就业价值观呈正相关，假设四到假设六成立（见表 4-14）。对模型进行必要的模型诊断，检验模型假设是否成立，模型残差图及 Q-Q 图分析，同样能够验证假设四到假设六。

表 4-14 "外在就业价值"为因变量回归统计结果

题项类别	系数	标准误差	t 值	P 值
个人影响因素	0.159	0.021	7.527	0.001 ***

题项类别	系数	标准误差	t 值	P 值
家庭影响因素	0.052	0.020	2.679	0.007433 **
人生目标（为社会）	0.045	0.021	2.150	0.031660 *
生活方式（奋斗型）	0.058	0.024	2.419	0.015650 *
人生态度（长远型）	0.170	0.026	6.593	0.001 ***
年级（四年级）	−0.122	0.040	−3.062	0.002224 **
学科（文科）	0.069	0.026	2.663	0.007799 **
家庭所在地（农村）	−0.127	0.038	−3.317	0.000926 ***
非独生子女	0.077	0.024	3.209	0.001354 **
学校类型（独立学院、高职高专）	0.085	0.035	2.458	0.014034 *

注：*、**、***分别为通过 5%、1%、0 的显著性检验。

由此可以得出结论，在其他条件一定时，个人影响因素、家庭影响因素、人生目标（为社会）、生活方式（奋斗型）、人生态度（长远型）外在就业价值得分更高；四年级学生、文科生、家庭在农村、非独生子女以及独立学院、高职高专的受访者外在就业价值明显较高。也就是说高年级学生相对低年级学生可能更为实际，而文科生、家庭在农村、非独生子女以及独立学院、高职高专学生的就业价值观可能更加注重物质条件。

3. 女大学生、文科生以及重点本科学生更在意职业地位和环境；家庭出身农村的受访者可能对于职业地位、人际环境概念不强。因变量为就业附加价值进行回归模型分析，从模型输出结果中可以看出，个人影响因素、学校影响因素、社会影响因素、人生目标（为社会）、生活方式（奋斗型）、人生态度（长远型）、性别、学科、家庭所在地、家庭条件、学校类型通过了10%及以下的显著性检验，结果再一次验证了假设一到假设三。在校大学生人生价值观中正向题项与就业价值观中就业附加价值呈正相关关系，假设四到假设六成立。由此，可以完全验证假设一到假设六成立（见表4-15）。随后，对模型进行必要的模型诊断，检验模型假设是否成立。通过模型残差图及 Q-Q 图分析，证明模型满足了假设一到假设六。

表 4-15　"就业附加价值"为因变量回归统计结果

题项类别	系数	标准误差	t 值	P 值
个人影响因素	0.045	0.025	1.758	0.078889 *
学校影响因素	0.100	0.025	3.943	0.000339 ***
社会影响因素	0.123	0.026	4.688	0.000187 ***
人生目标（为社会）	0.086	0.025	3.457	0.000558 ***
生活方式（奋斗型）	0.137	0.029	4.731	0.000228 ***
人生态度（长远型）	0.094	0.031	3.026	0.002508 **
性别（女性）	−0.095	0.027	−3.513	0.000452 ***
学科（文科）	0.095	0.031	3.052	0.002299 **
家庭所在地（农村）	−0.124	0.046	−2.690	0.007206 **
家庭条件（困难）	0.094	0.039	2.427	0.015306 *
学校类型（重点本科）	0.175	0.041	4.222	0.000333 ***

注：*、**、*** 分别为通过10%、5%、1%的显著性检验。

可以看出，在一定条件下，在就业附加价值上，女性受访者、文科受访者、重点本科受访者在就业附加价值这一项上得分更高，说明女性、文科生、重点本科学生更加在意职业地位、环境、人际等因素。家庭所在地为农村的受访者在就业附加价值上的得分低于家庭所在地为其他行政区的受访者，说明农村家庭出身的在校大学生对于职业环境、地位的概念可能还相对较为模糊。

综上所述，以上三个回归模型可以完全验证在校大学生人生价值观显著影响就业价值观这一命题，且在校大学生"三观"正向题项与就业价值观三个维度都呈现正相关关系，假设四到假设六成立。在校大学生就业价值观在人口学指标上有所差异，影响因素上也呈现显著差异，假设二、假设三成立。

4. 一些初步讨论结果。大量调研表明，当前在校大学生倡导的是奋斗与享乐并行的生活方式，拥有长远的人生目标，也在意当下的得失。其中男性大学生受到社会对于男性刻板印象要求，事业心更强。女性大学生相对男性来说更注重享乐，缺少长远规划。独生子女相对来说更有奉献社会的想法，更有目标感。个人经历是人生价值观最大影响因素。

总体来说，在校大学生们认可职业选择应该"对集体、社会、他人产生价值"，但难以付诸行动，知行难合一。高年级学生、文科生、出身农村学生、独立学院高职高专学生可能更看重薪酬、发展等。个人经历是最大影响因素，其次是父母、学校氛围、社会变化及杰出人物的影响。父母受教育程度显著影响就业价值观，受教育程度越高，对子女人生价值观以及就业价值观影响就越大。

（二）使用因变量为内在就业价值的中介模型

在对在校大学生的人生价值观影响就业价值观进行回归分析时，已经通过回归分析，验证了在校大学生的人生价值观对就业价值观具有显著影响，且在一些人口学指标上有显著差异，同时在校大学生的人生价值观受到了学校、个人的显著影响。那么假设十一：在校大学生人生价值观以及就业价值观、影响因素三者之间是否存在显著的中介效应则还需要运用中介效应模型进行分析验证。

根据温忠麟（2004）总结的中介效应检验程序，验证变量 M 对自变量 X 和因变量 Y 的影响产生中介作用需要满足以下几个条件：第一，自变量 X 对因变量 Y 有显著影响；第二，自变量 X 对中介变量 M 有显著影响；第三，当

中介变量 M 被控制之后，自变量 X 对因变量 Y 的直接影响显著减弱或者消失，如果自变量 X 对因变量 Y 的直接影响消失，则 M 为完全中介，如果自变量 X 对因变量 Y 的直接影响显著减弱，则 M 为部分中介。本研究通过 R 语言中的数据包，对模型进行中介效应检验，将就业价值观三个维度作为因变量，"三观"三个维度作为中介变量，其余作为自变量时，如下中介效应模型较为显著。

1. 受到学校、家庭、个人正向影响后可能更倡导奋斗型的生活方式。使用回归分析检验学校影响因素（X）、家庭影响因素（X）、个人影响因素（X）是否显著影响生活方式（奋斗型）（M）及内在就业价值（Y）。检验结果显示，学校、家庭、个人影响因素对生活方式（奋斗型）及内在就业价值有显著影响且呈正相关关系。然后进行中介效应检验，检验结果表明，以上三个影响因素（X）对内在就业价值（Y）的影响作用有一部分是通过生活方式（奋斗型）（M）来实现的。也就是说，生活方式（奋斗型）（M）在学校影响因素（X）、家庭影响因素（X）、个人影响因素（X）和内在就业价值（Y）之间存在部分中介作用（见表 4-16）。

中介模型说明，在其他条件一定时，受到学校、家庭、个人较大影响的在校大学生往往也会更加注重包括自我成长、理想、为社会做贡献等内在就业价值。同时，学校、家庭、个人的影响让他们可能更喜欢奋斗向上的生活方式。这样的生活方式往往会激励他们更愿意在工作中找寻成就感、成长以及为他人、社会奉献的内在就业价值。

表 4-16　中介变量为生活方式（奋斗型），自变量为个人、学校、家庭影响因素，因变量为内在就业价值中介模型检验

学校影响因素	Estimate	95% CI Lower	95% CI Upper	p 值
ACME	0.057	0.042	0.07	0.000 ***
ADE	0.165	0.144	0.19	0.000 ***

续表

	Estimate	95% CI Lower	95% CI Upper	p 值
Total Effect	0.223	0.200	0.26	0.000***
Prop. Mediated	0.256	0.200	0.33	0.000***
家庭影响因素	Estimate	95% CI Lower	95% CI Upper	p 值
ACME	0.041	0.0253	0.06	0.000***
ADE	0.139	0.111	0.16	0.000***
Total Effect	0.180	0.152	0.21	0.000***
Prop. Mediated	0.230	0.146	0.30	0.000***
个人影响因素	Estimate	95% CI Lower	95% CI Upper	p 值
ACME	0.049	0.034	0.07	0.000***
ADE	0.200	0.162	0.23	0.000***
Total Effect	0.250	0.209	0.28	0.000***
Prop. Mediated	0.196	0.135	0.28	0.000***

注：*、**、***分别为通过10%、5%、1%的显著性检验。

ACME 表示 Average Causal Mediation Effects（Indirect effect），即间接效应，ADE 为 Average Direct Effects，即直接效应。Total Effect 为总的效应。Prop. Mediated 为中介变量解释 X 与 Y 间关联所占的百分比。

2. 受学校、家庭、个人影响较大的大学生可能有更为长远的人生态度。首先用回归检验学校影响因素（X）、家庭影响因素（X）、个人影响因素（X）是否显著影响人生态度（长远型）（M）及内在就业价值（Y）。检验结果显示，学校、家庭、个人影响因素与人生态度（长远型）、内在就业价值呈正相关关系。在进行中介效应检验后，从检验结果中可以看到，人生态度（长远型）（M）在学校、家庭、个人影响因素（X）和内在就业价值（Y）之间存在部分中介作用（见表4-17）。

从检验结果中可以看到，在其他条件一定时，受学校、家庭、个人影响较大的在校大学生更为看重内在就业价值（注重贡献、理想等）。同时，学校教育、家庭教育、个人自省激励教育使得他们拥有的人生态度更为长远。

这样的人生态度也激励他们在职业中不断寻找内在就业价值，为社会做出更多贡献。但这些影响通常较少来自社会，可能由于测试对象来源为在校大学生，还未真正进入社会，感受不到社会影响。

表4-17 中介变量为人生态度（长远型），自变量为个人、学校、家庭影响因素，因变量为内在就业价值中介模型检验

学校影响因素	Estimate	95% CI Lower	95% CI Upper	p 值
ACME	0.072	0.056	0.09	0.000 ***
ADE	0.146	0.110	0.19	0.000 ***
Total Effect	0.219	0.189	0.25	0.000 ***
Prop. Mediated	0.325	0.235	0.42	0.000 ***
家庭影响因素	Estimate	95% CI Lower	95% CI Upper	p 值
ACME	0.075	0.058	0.09	0.000 ***
ADE	0.107	0.085	0.14	0.000 ***
Total Effect	0.182	0.155	0.22	0.000 ***
Prop. Mediated	0.411	0.328	0.49	0.000 ***
个人影响因素	Estimate	95% CI Lower	95% CI Upper	p 值
ACME	0.104	0.088	0.12	0.000 ***
ADE	0.146	0.118	0.18	0.000 ***
Total Effect	0.250	0.214	0.28	0.000 ***
Prop. Mediated	0.416	0.363	0.48	0.000 ***

注：*、**、*** 分别为通过10%、5%、1%的显著性检验。

ACME 表示 Average Causal Mediation Effects（Indirect effect），即间接效应，ADE 为 Average Direct Effects，即直接效应。Total Effect 为总的效应。Prop. Mediated 为中介变量解释 X 与 Y 间关联所占的百分比。

3. 受到学校、家庭、个人正向影响的大学生更可能拥有为社会、他人服务的就业价值观。首先用回归检验学校影响因素（X）、家庭影响因素（X）、个人影响因素（X）是否显著影响人生目标（为社会）（M）及内在就业价值（Y）。检验结果显示，学校、家庭、个人影响因素与人生目标（为社会）、

内在就业价值呈正相关关系。在进行中介效应检验后，从检验结果中可以看到，人生目标（为社会）（M）在学校、家庭、个人影响因素（X）和内在就业价值（Y）之间存在部分中介作用（见表4-18）。

中介模型表明，即在其他条件一定时，受到家庭、学校、个人影响较深的在校大学生就业时更可能拥有为社会、他人服务的集体主义、社会主义价值取向。可能良好的家庭、学校教育以及内省的人格特质使得他们形成为他人服务的人生价值观和人生目标。这样的人生目标也激励他们在职业中不断寻找内在就业价值。对在校大学生来说，这些影响较少来自社会。

表4-18　中介变量为人生目标（为社会），自变量为个人、学校、
家庭影响因素，因变量为内在就业价值中介模型检验

学校影响因素	Estimate	95% CI Lower	95% CI Upper	p 值
ACME	0.049	0.040	0.06	0.000***
ADE	0.213	0.175	0.25	0.000***
Total Effect	0.262	0.221	0.30	0.000***
Prop. Mediated	0.184	0.154	0.23	0.000***
家庭影响因素	Estimate	95% CI Lower	95% CI Upper	p 值
ACME	0.036	0.026	0.05	0.000***
ADE	0.174	0.142	0.20	0.000***
Total Effect	0.210	0.173	0.23	0.000***
Prop. Mediated	0.170	0.134	0.23	0.000***
个人影响因素	Estimate	95% CI Lower	95% CI Upper	p 值
ACME	0.039	0.030	0.05	0.000***
ADE	0.199	0.151	0.25	0.000***
Total Effect	0.238	0.195	0.29	0.000***
Prop. Mediated	0.162	0.123	0.22	0.000***

注：*、**、*** 分别为通过10%、5%、1%的显著性检验。

ACME 表示 Average Causal Mediation Effects（Indirect effect），即间接效应，ADE 为 Average Direct Effects，即直接效应。Total Effect 为总的效应。Prop. Mediated 为中介变量解释 X 与 Y 间关联所占的百分比。

（三）因变量为外在就业价值的中介模型

1. 受学校、家庭、个人影响较大的奋斗型生活方式大学生，就业价值观可能也会倾向发展、成就感方面的考量。首先用回归检验学校、家庭、个人影响因素是否显著影响生活方式（奋斗型）及外在就业价值，检验结果显示，学校、家庭、个人影响因素 t 值、p 值均在 1% 的水平下通过显著性检验，并且与生活方式（奋斗型）呈正相关关系。然后进行中介效应检验，从检验结果中可以看到，生活方式（奋斗型）（M）在学校、家庭、个人影响因素（X）和外在就业价值（Y）之间存在部分中介作用（见表 4-19）。

中介模型表明，在其他条件一定时，受到家庭、学校、个人影响较深的在校大学生就业中更有可能强调外在社会价值，注重职业的成就感等，他们更可能具有奋斗型的生活方式，这样的生活方式激励他们在职业中不断寻找外在社会价值。

表 4-19　中介变量为生活方式（奋斗型），自变量为个人、学校、家庭影响因素，因变量为外在就业价值中介模型检验

学校影响因素	Estimate	95% CI Lower	95% CI Upper	p 值
ACME	0.025	0.016	0.04	0.000***
ADE	0.160	0.132	0.19	0.000***
Total Effect	0.186	0.158	0.22	0.000***
Prop. Mediated	0.137	0.093	0.20	0.000***
家庭影响因素	Estimate	95% CI Lower	95% CI Upper	p 值
ACME	0.019	0.013	0.03	0.000***
ADE	0.174	0.153	0.20	0.000***
Total Effect	0.193	0.169	0.22	0.000***
Prop. Mediated	0.100	0.068	0.14	0.000***

个人影响因素	Estimate	95% CI Lower	95% CI Upper	p 值
ACME	0.023	0.015	0.03	0.000***
ADE	0.253	0.227	0.28	0.000***
Total Effect	0.276	0.249	0.30	0.000***
Prop. Mediated	0.82	0.060	0.11	0.000***

注：*、**、***分别为通过10%、5%、1%的显著性检验。

ACME 表示 Average Causal Mediation Effects（Indirect effect），即间接效应，ADE 为 Average Direct Effects，即直接效应。Total Effect 为总的效应。Prop. Mediated 为中介变量解释 X 与 Y 间关联所占的百分比。

2. 中介变量为人生态度（长远型），自变量为学校、家庭、个人影响因素，人口学指标中介效应显著。首先用回归检验学校、家庭、个人影响因素（X）是否显著影响人生态度（长远型）（M）、外在就业价值（Y）。检验结果显示，学校影响因素与人生态度（长远型）、外在就业价值呈正相关关系。然后进行中介效应检验，从检验结果中可以看到，人生态度（长远型）（M）在学校影响因素（X）和外在就业价值（Y）之间存在部分中介作用（见表4-20）。

可以看出，在其他条件一定时，受到学校、家庭、个人影响较深的受访者更加看重外在就业价值，即工作环境、薪酬、同事关系等。与此同时，受访者会更倾向于拥有长远的人生态度，这样的人生态度促使受访者更加注重外在就业价值。

表4-20　中介变量为人生态度（长远型），自变量为个人、学校、家庭影响因素，因变量为外在就业价值中介模型检验

学校影响因素	Estimate	95% CI Lower	95% CI Upper	p 值
ACME	0.044	0.0328	0.06	0.000***
ADE	0.139	0.113	0.16	0.000***
Total Effect	0.184	0.155	0.21	0.000***

Prop. Mediated	0.244	0.194	0.30	0.000***
家庭影响因素	Estimate	95% CI Lower	95% CI Upper	p 值
ACME	0.042	0.032	0.05	0.000***
ADE	0.152	0.125	0.18	0.000***
Total Effect	0.195	0.171	0.22	0.000***
Prop. Mediated	0.221	0.168	0.28	0.000***
个人影响因素	Estimate	95% CI Lower	95% CI Upper	p 值
ACME	0.057	0.045	0.07	0.000***
ADE	0.217	0.187	0.25	0.000***
Total Effect	0.274	0.243	0.31	0.000***
Prop. Mediated	0.209	0.166	0.25	0.000***

注：*、**、***分别为通过10%、5%、1%的显著性检验。

ACME 表示 Average Causal Mediation Effects（Indirect effect），即间接效应，ADE 为 Average Direct Effects，即直接效应。Total Effect 为总的效应。Prop. Mediated 为中介变量解释 X 与 Y 间关联所占的百分比。

3. 强调薪酬、企业环境与为社会服务的人生目标并存。首先用回归检验学校、家庭、个人影响因素（X）是否显著影响人生目标（为社会）（M）、外在就业价值（Y）。检验结果显示，学校、家庭、个人影响因素显著影响人生目标（为社会）、外在就业价值，且呈正相关关系。然后进行中介效应检验，从检验结果中可以看到，人生目标（为社会）（M）在学校、家庭、个人影响因素（X）和外在就业价值（Y）之间存在部分中介作用（见表4-21）。

中介模型表明，受到家庭、学校、个人影响较深的在校大学生就业时更有可能强调外在就业价值，注重职业的内外部环境、薪酬、独立性等。可能良好的家庭、学校教育以及内省的人格特质使得他们更容易拥有奋斗型的生活方式。而看重薪酬、企业内外部环境的大学生们也可能拥有为社会服务的人生目标。这些正向积极的"三观"也激励他们在职业中不断寻找外在就业附加价值。但社会各方面的影响对在校生来说不够显著。

表4-21 中介变量为人生目标（为社会），自变量为个人、学校、家庭影响因素，因变量为外在就业价值中介模型检验

学校影响因素	Estimate	95% CI Lower	95% CI Upper	p 值
ACME	0.037	0.027	0.05	0.000***
ADE	0.151	0.126	0.18	0.000***
Total Effect	0.189	0.164	0.22	0.000***
Prop. Mediated	0.203	0.151	0.25	0.000***
家庭影响因素	Estimate	95% CI Lower	95% CI Upper	p 值
ACME	0.026	0.020	0.04	0.000***
ADE	0.174	0.141	0.20	0.000***
Total Effect	0.200	0.170	0.23	0.000***
Prop. Mediated	0.128	0.098	0.17	0.000***
个人影响因素	Estimate	95% CI Lower	95% CI Upper	p 值
ACME	0.026	0.019	0.03	0.000***
ADE	0.248	0.212	0.27	0.000***
Total Effect	0.275	0.239	0.30	0.000***
Prop. Mediated	0.095	0.070	0.12	0.000***

注：*、**、*** 分别为通过 10%、5%、1% 的显著性检验。

ACME 表示 Average Causal Mediation Effects（Indirect effect），即间接效应，ADE 为 Average Direct Effects，即直接效应。Total Effect 为总的效应。Prop. Mediated 为中介变量解释 X 与 Y 间关联所占的百分比。

（四）使用因变量为就业附加价值的中介模型

1. 拥有内省人格特质的在校大学生可能更容易拥有奋斗型的生活方式。首先用回归检验学校、家庭、个人影响因素（X）是否显著影响生活方式

（奋斗型）（M）、就业附加价值（Y）。检验结果显示，学校、家庭、个人影响因素显著影响生活方式（奋斗型）、就业附加价值，且呈正相关关系。然后进行中介效应检验，从检验结果中可以看到，生活方式（奋斗型）（M）在学校、家庭、个人影响因素（X）和就业附加价值（Y）之间存在部分中介作用（见表4-22）。

该中介模型表明，在其他条件一定时，受到学校、家庭、个人影响较深的在校大学生会在职业中更加看重就业附加价值，注重职业的地位、知名度、成就感等。可能良好的家庭、学校教育以及内省的人格特质使得他们更容易拥有奋斗型的生活方式，这样的生活方式也激励他们在职业中不断寻找就业附加价值。除此之外，来自社会的影响对在校生来说不够显著。

表4-22 中介变量为生活方式（奋斗型），自变量为学校、
家庭、个人影响因素，因变量为就业附加价值中介模型检验

学校影响因素	Estimate	95% CI Lower	95% CI Upper	p 值
ACME	0.032	0.024	0.04	0.000***
ADE	0.225	0.197	0.26	0.000***
Total Effect	0.258	0.226	0.29	0.000***
Prop. Mediated	0.124	0.092	0.17	0.000***
家庭影响因素	Estimate	95% CI Lower	95% CI Upper	p 值
ACME	0.026	0.016	0.04	0.000***
ADE	0.184	0.158	0.22	0.000***
Total Effect	0.211	0.184	0.24	0.000***
Prop. Mediated	0.1120	0.080	0.1	0.000***
个人影响因素	Estimate	95% CI Lower	95% CI Upper	p 值
ACME	0.030	0.019	0.04	0.000***
ADE	0.204	0.161	0.23	0.000***

Total Effect	0.235	0.188	0.27	0.000***
Prop. Mediated	0.132	0.090	0.18	0.000***

注：*、**、***分别为通过10%、5%、1%的显著性检验。

ACME 表示 Average Causal Mediation Effects（Indirect effect），即间接效应，ADE 为 Average Direct Effects，即直接效应。Total Effect 为总的效应。Prop. Mediated 为中介变量解释 X 与 Y 间关联所占的百分比。

2. 受到学校、家庭、个人影响的大学生可能更容易拥有长远的人生目标，更看重就业附加价值。首先用回归检验学校、家庭、个人影响因素（X）是否显著影响人生态度（长远型）（M）、就业附加价值（Y）。检验结果显示，学校、家庭、个人影响因素显著影响人生态度（长远型）及就业附加价值，且呈正相关关系。然后进行中介效应检验，从检验结果中可以看到，人生态度（长远型）（M）在学校、家庭、个人影响因素（X）和就业附加价值（Y）之间存在部分中介作用（见表4-23）。

同上一个中介模型相似，该中介模型代表受到学校、家庭、个人影响更深的在校大学生在工作中更看重就业附加价值。同时受到学校教育的影响，他们的人生态度较为长远，较有计划性，这些也影响到了他们的就业附加价值观。但同前面的模型一样，社会影响对于受试者通常不太显著。

表4-23 中介变量为人生态度（长远型），自变量为学校、家庭、个人影响因素，因变量为就业附加价值中介模型检验

学校影响因素	Estimate	95% CI Lower	95% CI Upper	p 值
ACME	0.044	0.034	0.05	0.000***
ADE	0.214	0.179	0.25	0.000***
Total Effect	0.258	0.222	0.29	0.000***
Prop. Mediated	0.165	0.132	0.22	0.000***

续表

家庭影响因素	Estimate	95% CI Lower	95% CI Upper	p 值
ACME	0.045	0.036	0.06	0.000 ***
ADE	0.160	0.134	0.19	0.000 ***
Total Effect	0.206	0.180	0.24	0.000 ***
Prop. Mediated	0.222	0.169	0.28	0.000 ***
个人影响因素	Estimate	95% CI Lower	95% CI Upper	p 值
ACME	0.061	0.046	0.07	0.061
ADE	0.177	0.149	0.22	0.177
Total Effect	0.239	0.211	0.28	0.239
Prop. Mediated	0.266	0.186	0.32	0.266

注：*、**、*** 分别为通过 10%、5%、1% 的显著性检验。

ACME 表示 Average Causal Mediation Effects（Indirect effect），即间接效应，ADE 为 Average Direct Effects，即直接效应。Total Effect 为总的效应。Prop. Mediated 为中介变量解释 X 与 Y 间关联所占的百分比。

3. 注重职业的地位、知名度、成就感的大学生可能更多受到学校、家庭、个人影响。用回归检验学校、家庭、个人影响因素（X）是否显著影响人生目标（为社会）（M）及就业附加价值（Y）。检验结果显示，学校、家庭、个人影响因素与人生目标（为社会）呈正相关关系，与就业附加价值呈正相关关系。然后进行中介效应检验，从检验结果中可以看到，学校、家庭、个人影响因素（X）对就业附加价值（Y）的影响作用有一部分是通过人生目标（为社会）（M）来实现的（见表 4-24）。

中介模型表明，受到家庭、学校、个人影响较深的在校大学生就业时更有可能强调就业附加价值，注重职业的地位、知名度、成就感等。可能良好的家庭、学校教育以及内省的人格特质使得他们更容易形成为他人服务和贡献社会的人生目标，形成集体主义、社会主义的价值取向。这些正向积极的人生价值观也激励他们在职业中不断寻找就业附加价值。同前面的中介模型一样，社会影响不够显著，可能说明在校大学生因为未走入社会，受到社会影响暂时较小。

表 4-24　中介变量为人生目标（为社会），自变量为学校、家庭、个人影响因素，因变量为就业附加价值中介模型检验

学校影响因素	Estimate	95% CI Lower	95% CI Upper	p 值
ACME	0.037	0.027	0.05	0.000***
ADE	0.149	0.119	0.18	0.000***
Total Effect	0.187	0.158	0.22	0.000***
Prop. Mediated	0.200	0.152	0.25	0.000***
家庭影响因素	Estimate	95% CI Lower	95% CI Upper	p 值
ACME	0.026	0.020	0.03	0.000***
ADE	0.170	0.143	0.19	0.000***
Total Effect	0.196	0.171	0.22	0.000***
Prop. Mediated	0.131	0.099	0.19	0.000***
个人影响因素	Estimate	95% CI Lower	95% CI Upper	p 值
ACME	0.026	0.017	0.03	0.000***
ADE	0.250	0.215	0.29	0.000***
Total Effect	0.277	0.238	0.32	0.000***
Prop. Mediated	0.095	0.062	0.13	0.000***

注：*、**、***分别为通过 10%、5%、1% 的显著性检验。

ACME 表示 Average Causal Mediation Effects（Indirect effect），即间接效应，ADE 为 Average Direct Effects，即直接效应。Total Effect 为总的效应。Prop. Mediated 为中介变量解释 X 与 Y 间关联所占的百分比。

五、小结

本章通过对包括新疆、西藏地区在内的 20 个省份 30 所高校进行问卷调

查，对在校大学生"三观"、就业价值观以及影响因素有了初步的认识。总体来说集体主义、社会主义是在校大学生主流价值取向。在此基础上，他们倡导奋斗与享乐并行的生活方式；拥有长远的人生目标，也在意当下的得失。调查研究结果表明：

1. 就业价值观显著受"三观"影响，大部分在校大学生虽然认可职业选择应该"对集体、社会、他人产生价值"，但难以付诸行动，知行难合一。（1）在校大学生"三观"与就业价值观呈正向相关，在不同学校、不同年级、不同专业等部分人口学指标上显现差异。例如，高年级学生、文科生、独立学院高职高专学生可能更看重薪酬、发展等。（2）实际生活中，在校大学生就业价值观与就业行为之间存在一定的矛盾性。大部分在校大学生认可集体主义、社会主义，认为人应该有理想、有价值。但实际求职中却看重发展、兴趣、成长、工作环境，就业价值观和就业选择存在"知行不合一"或者"只知不行"等问题。说明在校大学生没有在社会价值与个人价值间建立联系，甚至将二者对立。

2. 就业价值观在性别、是否独生子女等方面存在显著差异。例如，男性在校大学生受到社会对于男性的要求，事业心更强。女性在校大学生相对男性来说更注重享受，缺少长远规划。独生子女相对非独生子女来说，对就业要求更高。

3. 个人经历是在校大学生"三观"最重要影响因素。（1）84.75%的受访者认为人生经历显著影响"三观"，远高于其他影响因素。（2）父母受教育程度显著影响就业价值观。父母受教育程度越低，子女对薪酬、发展的要求就越高。（3）在校大学生受到学校、家庭、个人影响远大于社会影响。学校（氛围、教师、同学）、家庭（父母亲戚、背景）、个人（经历、意外、杰出人物）对在校大学生形成长远人生态度、选择不断奋斗的生活方式和产生为他人、社会服务的生活目标具有重要影响。从而，也为塑造在校大学生就业价值观产生重要影响。

　　以上结论与第三章中针对大学毕业生的调查研究结论大部分较为一致，说明现有"三观"教育在就业价值引导、方向把握上具有一定效果。但在实践中如何引导青年学生把观念落实到行动，做到择业时将国家、社会、个人价值相统一还是个难题。未来应在高校、家庭、个人三方面加强引导，积极开展分类教育，向"以学生为中心"教学模式转变。

第五章

05

"三观"教育视域下大学生就业价值观引导

通过第三、四章对大学毕业生和在校大学生的调查研究，发现大学生就业价值观存在以下问题：不能在社会价值与个人价值间建立联系，不能用哲学思维处理好长远利益与眼前利益的关系，不能很好地理解获取与付出的关系，甚至将以上二者对立等。问题的出现并不可怕，关键是找到解决问题的方法。毛泽东曾说过："我们不但要提出任务，而且要解决完成任务的方法问题。我们的任务是过河，但是没有桥或没有船就不能过。不解决桥或船的问题，过河就是一句空话。不解决方法问题，任务也只是瞎说一顿。"① 大学生的就业价值观问题实质上是"三观"问题。这也间接说明当前高校思想政治教育在"三观"引导上总体来说效果良好，但在择业时引导大学生按照党和国家的要求将"国家、社会、个人"三者利益结合，将集体主义、社会主义价值取向落实到择业中还较为困难，说明思想政治教育对大学生就业价值观引导的实效性不够。此外，研究表明，大学生"三观"虽然受到社会、家庭、学校等各方面多因素复杂影响，但最大的影响还是其个人经历，尤其是在校期间受到学校、家庭教育的影响远大于社会对其产生的影响。应抓住这个个人经历的窗口期，从学校、家庭等多方面为改进思想政治教育提供参考。本章在"三观"教育视域下提出大学生就业价值观引导基本原则；认为思想政治教育应向"以学生为中心"教学模式转变，倡导为学生提供一段有意义的学习经历；激励其自我教育、管理、服务意识，目的是更好地提升思想政治教育在就业价值观方面的引导效果。

一、大学生就业价值观引导教育中存在的问题

中华人民共和国成立以来，我国高校思想政治教育在大学生就业价值观引导上发挥了重要的作用，能够教育在校大学生求职时坚持集体主义、社会

---

① 中共中央文献研究室编：《毛泽东选集》（第一卷），人民出版社 1991 年版，第 139页。

主义价值取向，在岗位上坚持社会需要与个人利益相统一的原则。但随着时代的发展，大学生就业受到来自社会、学校、家庭乃至自身等多方面的影响。大学生就业价值观引导的思想政治教育理念、内容、方法是否还能适应如今的大学生，发挥应有的引导作用？通过前期调研，我们发现当前大学生的就业价值观存在一些问题，这个现象的背后说明思想政治教育中对于他们就业价值观的引导教育存在一些问题。

（一）高校、家庭、个人教育引导合力不够

在前几章开展的调查研究中，可以发现大学生的就业价值观受到社会、学校、家庭等诸多方面的影响。帮助大学生树立正确的就业价值观不仅是高等学校的责任，也是家庭教育的重要责任，更是大学生自我应该担负起的责任。然而现实表明，除了高等学校以外，家庭教育对于大学生就业价值观的正向引导作用较小。少部分父母由于文化水平所限，对孩子的就业价值观甚至出现一些刻板的、错误的引导。本应作为主体责任人的大学生由于自身的各种原因，没能发挥主观能动性，过分依赖高校、父母的帮助，没能形成正确的就业价值观念就走出了校门。

调查研究发现，在校大学生就业价值观引导中，高校肩负着极大的教育责任。但高校各类教师、各级部门与学生家庭的联动不够，没能将就业价值观引导目标、原则传递给学生家长。学生家长也没能及时将大学生出现的就业价值观问题予以反馈，导致大学生入校时的迷茫往往持续到毕业，毕业后走入社会长时间不能适应等问题。而当大学生走入社会，受到一些社会不良就业价值观影响时，往往没有来自学校、家庭的帮助，从而容易走向极端。正如访谈对象1谈道："以前受到一些书籍、影视作品的影响，认为应该今朝有酒今朝醉，所以过得很颓废。就业时也以得过且过的心态，随便找工作，没有正确的、积极的就业观念……"

（二）大学生就业价值观引导内容实效性不够

当前大学生就业价值观引导有两类途径：一类是在思想政治教育相关课

程中包含树立正确人生价值观，追求远大理想、坚定崇高信念，培育职业精神的内容。另外一类存在于各个高校普遍开展的职业规划和就业指导课程中。一些研究表明，思想政治教育中的就业价值观引导主要强调理想信念、价值取向，教育内容与学生实际有所脱节，较少能够反映在校大学生求职的真实状况。本书调研也发现，部分大学生对于思想政治课程中关于理想信念、价值取向内容入脑入心程度不够，真信真做不多，从而导致教育实效性不强。另外，高校职业规划和就业指导课程作为西方舶来品，强调的是探索职业兴趣、性格、能力、就业价值观，以此达到"人职匹配"的目的。但对于什么是正确就业价值观，如何培养正确就业价值观则较少提及，本土化不够，没能达到纠正大学生错误"三观"的目的，二者存在一定的脱节。

当今国内外教育环境急剧变革，教育内容较之社会发展更新较慢，甚至滞后，"三观"教育视域下就业价值观引导的内容与社会经济发展不是很适应。中华人民共和国成立以来，我国大学生就业制度先后经历了"统分统招""双向选择""自主择业"到如今的"创新创业"四个重要阶段。在"统分统招""双向选择"阶段，青年大学生就业价值观引导的内容相对比较单一，大部分教育内容都是延续集体主义、社会主义价值观教育的内容，缺乏独立系统。改革开放以后尤其是进入新时代以来，强调以市场为导向的自主择业和创新创业就业。以"三观"教育为核心的思想政治教育由于大学生的不断扩招，往往是百人大班授课，教师难以顾及班级中的每一个人，使得思想政治教育课程逐渐成为各大高校的"水课"和"睡课"。是否应该将社会主义核心价值体系融入就业价值观引导？是否能够将前沿的就业话题，如"如何看待家庭对于大学生就业的影响""父母就业观念对于大学生的就业观念影响是好还是坏"等嵌入就业价值观引导，从而改变就业价值观引导内容单一、吸引力不足的问题？以上问题有待研究。

（三）大学生就业价值观引导方法创新性不足

课堂教育及日常思想政治教育就业指导和就业管理教育作为大学生就业

价值观引导的主渠道和主阵地，几乎都导致课堂或谈话等方式，对于新的教育平台和手段的使用稍显不足。教育渠道单一的结果是难以适应新形势下大学生对于教育创新的需求。随着互联网的发展，以微信、微博、抖音、快手等为代表的自媒体时代来临，使得大学生们对于上述平台有着较大的依赖性。如果就业价值观引导教育不能利用这些新媒体对大学生进行教育，则难以获得学生的认同，最终无法收到良好的教育效果。

现有大学生就业价值观引导师资队伍包括思政课教师、高校就业指导教师、辅导员、班主任等。但由于大学生扩招，导致教育队伍补充不及时，部分教师队伍专业性不足，与之相匹配的教辅人员、行政人员、工勤人员等开展就业价值观教育指导能力严重不足，也导致引导教育的实效性不够。如本书第三章所开展的深度访谈调查中，一些毕业生坦言从来没有接受过相关就业价值观引导教育，这充分说明不论是思政课教师还是就业指导类教师，其就业价值观作用发挥不够。

（四）以教师、课堂为中心向以学生为中心、以活动实践为中心教育转型不够

传统教育向现代教育转型的关键就在于以人为本、全面发展、素质教育的普及。以往以教师、课堂为中心的思想政治教育课堂上，对于就业价值观、敬业精神的引导都在教师的讲授中，显然已经不能满足 00 后以自我为中心、以个人喜好为出发点的"三观"。不仅如此，过分强调教师、课堂、书本的就业价值观，还会对大学生的就业观念起到相反效果，降低思想政治教育的实效性。在前几章的调查中也表明，高校就业价值观引导通过主渠道思政课堂开展的实效性并不强，影响大学生"三观"最大要素是个人经历。因此，新时代的"三观"教育以及思想政治教育应该转变以教师、课堂为中心的理念，转向紧紧围绕着大学生的需求的以学生为中心的教育。将以教师、课堂为中心的理念转变为以社会实践为中心，与职业指导活动开展相结

合,充分发挥社会实践的趣味性。最终目的,是以在课堂中师生共同创造一段有意义经历为导向开展就业价值观引导。

二、"三观"教育视域下大学生就业价值观引导的目标

树立大学生正确就业价值观,使其能够成为国家的栋梁之材,不仅仅是高等教育的责任,也应该是家庭教育、个人自我教育的责任。父母、亲朋等角色对于大学生建立正确的职业观念尤为重要。俗话说,父母是孩子的第一任老师,父母对于职业的看法以及从事职业的态度会对大学生产生深远的影响。重视家庭教育,营造一个积极面对职业选择的氛围和观念是树立正确就业观念的关键。高校是大学生成长的重要场所,教师则是其中重要的组成部分。重视教师的师风师德,将良好的人生价值观、择业观通过教师的一言一行传达给学生,是高校"三观"教育的主要责任。不仅如此,还应该教会大学生不断进行自我教育,只有社会、家庭、学校、个人多方面形成合力,才能够共同营造良好的教育氛围,达到教育目的。

(一)高校就业价值观引导的教育目标

无论是思想政治教育还是就业价值观教育,都不能脱离高等教育的目标。高校就业价值观教育总体来说应在"三观"教育目标框架下开展,应该贯彻党和国家的教育方针,为中国特色社会主义现代化建设服务。始终贯穿"立德树人"的教育理念,以理想信念教育为核心,深入进行树立正确的世界观、人生观和价值观教育;以爱国主义教育为重点,深入进行弘扬和培育民族精神教育;以基本道德规范为基础,深入公民道德教育;以大学生全面发展为目标,深入进行素质教育,目的是使受教育者成长为德、智、体、美全面发展的社会主义时代新人。

在这样一个总体目标之下,高校就业价值观教育首先应该在马克思主义理论指导下,紧密结合当前中国社会发展的国情以及"两个一百年"建设的

现实要求，在全面落实党在新时期教育方针的基础上，以全面贯彻社会主义核心价值体系思想、社会主义核心价值观为基础；以理想信念教育为核心；以大学生实际就业需求为本，结合国家建设需要，加强和改进大学生就业价值观教育工作。最终以增强大学生全面发展为目标，提高大学生就业价值观教育的针对性、实效性和吸引力、感染力。发挥思想政治教育对大学生"三观"的引导作用，促进大学生充分就业，引导大学生能够主动自觉将个人发展与国家的需要结合起来，形成良好的就业行为与习惯。

高校就业价值观教育的具体目标，是在高校就业价值观教育总体目标指导下，在校大学生就业价值取向、就业思想政治教育、就业心理教育、就业法规引导及就业行为实践等方面所要达到的目的，关系到"三观"教育是否能够在就业价值观引导上切实落地，科学指导大学生就业。其中最为重要的就是大学生能够拥有正确的就业价值判断力以及在就业选择中体现正确的世界观、人生观和价值观。

第一，具备正确就业价值判断的基本知识与价值选择能力。随着改革开放，中国人民的价值观发生了巨大的变化。尤其是21世纪以来，世界价值的多元化、中国经济的腾飞，给社会及民众带来不可小觑的影响。人们的就业观从"我是革命一块砖，哪里需要哪里搬"到"教授不如卖红薯"的下海潮再到如今的"斜杠青年"，就业价值观的多样化可谓空前。大学生是党和国家的宝贵财富，大学生在校期间如果能够具备正确的就业价值判断和选择能力，就有助于他们进入社会后快速成为行业的顶梁柱，成就一番事业。对国家来讲，培养的人才能够在毕业后迅速投入最需要的各行各业中建功立业，有利于社会主义的建设和发展。对每一个家庭来说，大学生毕业即拥有独立的人格和正确的就业价值观，不会在职业选择中人云亦云、朝三暮四，可大大节约家庭的成本。

第二，能够在就业选择中融入正确的世界观、人生观和价值观。随着我国社会主义市场经济体制的逐步确立，人们的自由选择性更强，主体性更突出。一些大学生在谈论起"梦想""理想"的时候甚至都觉得有些"矫情"，少部分大学生更是活成了"精致的利己主义"。在校大学生处于人生的关键阶段，也是世界观、人生观及价值观形成的重要时期。如果在这个时期不能得到正确的引导，很容易出现价值缺失甚至走向极端。我国幅员辽阔，地域经济发展不平衡。一些中小城市及农村出身的青少年进入大城市，置身于充满诱惑的环境，极易受到个人主义、拜金主义、享乐主义之风的感染，容易产生迷茫和对人生价值的错误认知。高校就业价值观教育的目的，应努力融入马克思主义世界观教育，以全心全意为人民服务、以社会主义核心价值体系和社会主义核心价值观为主要内容的价值观教育。使得在校大学生们能够正确认识集体利益和个人利益的关系，正确认识个人利益与极端个人主义、利己主义之间的界限。帮助他们认可有意义的人生价值应该是贡献与索取的有机结合，更是实现社会、个人价值的统一，从而能够处理好国家、社会和个人三者之间的利益关系，将正确"三观"融入就业价值观。

第三，自觉主动将国家的发展需要融入个人就业实践。每一个个体都属于一个集体，没有一个个体能与集体脱离开来生存和发展。大学生也一样，应该将自己纳入国家发展的背景下，理解作为新时代青年的时代责任，抓住一切机遇，在国家、社会发展大潮中得到锻炼、成长、成才。这就需要大学生们在校期间能够通过形势与政策课程、各类社会实践教育、日常观察、朋辈影响以及家庭等多方面来观察社会、了解社会。尤其是了解中国历史、国情、党史等知识，知晓中国何以为今天的中国，了解中国共产党百年奋斗的不易。掌握当下"精准扶贫"、全面建成小康社会的成效以及"两个一百年"的奋斗目标，等等。在择业的重要关头，抓住机会，顺势而为，主动将国家的发展需要融入个人就业中。

（二）家庭就业价值观引导的教育目标

中华文明五千年的悠久历史孕育出了中华民族的伦理——"家"文化。

传统中国"家"文化是与国家、民族联系在一起的，《礼记·大学》中说，"修身，齐家，治国，平天下"，说明个人、家庭、国家不可分割。个人的品格完善、修为与家庭的经营、国家的治理息息相关。马克思、恩格斯在《共产党宣言》《资本论》《反杜林论》《家庭、私有制和国家的起源》等著作中描述了他们对家庭这一基本社会单元的观察和研究，也将个人家庭与国家相联系。习近平总书记在多个场合谈到了良好的家风建设对于育人的重要性，认为"家庭是人生的第一个课堂……家庭不只是人们身体的住处，更是人们心灵的归宿。家风好，就能家道兴盛、和顺美满；家风差，难免殃及子孙、贻害社会……"① 每一个家庭是孩子的养育场所，担负着"向孩子展示人生的第一粒扣子的重要性，帮助孩子迈好人生的第一个台阶"的重担。

教育大学生正确择业，就业价值观引导不仅仅是高校的教育目标和任务，更应该是家庭教育的重要教育目标和任务。家庭就业价值观引导应包括以下几个目标：1. 加强对青少年正确"三观"的引导。2. 对不同职业价值建立良好的认知，消除看待不同职业的"刻板印象"。3. 正确看待性别就业差异性，消除不同性别择业的"刻板印象"。4. 无论家庭条件如何，强调奋斗是就业价值取向的重要基石。古往今来，家庭在国家发展中的地位不容置疑，但如何发挥其在青少年就业价值引导、消除职业刻板印象中的作用，是大学生就业价值观引导教育的重要基点。

（三）个人就业价值观引导的自我教育目标

2004 年 10 月，中共中央、国务院联合下发《关于进一步加强和改进大学生思想政治教育的意见》，对全面促进高校大学生思想政治教育，做好青年思想政治工作提出了要求。"意见"明确提出加强和改进大学生思想政治教育的基本原则之一是："坚持教育与自我教育相结合。既要充分发挥学校教师、党团组织的教育引导作用，又要充分调动青年的积极性与主动性，引

---

① 习近平：《习近平谈治国理政》（第二卷），外文出版社 2017 年版，第 354-355 页。

导他们自我教育，自我管理，自我服务。"提出了大学生思想政治教育不仅仅是高校、社会、家庭的事，还是大学生自身的事。从各方面充分调动自我教育、自我管理、自我服务的主动性与积极性，有助于不断增强大学生的思想政治教育的主体意识和主体责任感，对于思想政治教育实效性的增强有着重要意义。

新时代的大学生首先应该树立人生目标。改革开放以来，随着我国经济高速发展，国际交流频繁，社会意识形态越来越呈现多元化、多向度发展趋势，部分青年群体在就业过程中开始出现求稳定、求清闲、求高薪的思想。谈到理想，不少青年人觉得"虚无缥缈甚至'矫情'"。事实上，在每一个时代，青年都肩负着推动社会向前发展的历史重任。他们是国家发展、民族复兴的希望。当前，中华民族伟大复兴处于攻坚克难阶段，尤其需要在青年中厚植以爱国主义为核心的民族精神和以改革创新为核心的时代精神，调动广大青年爱国热情，投身社会主义建设。其次，大学生应培育以社会主义核心价值体系为核心的人生价值观目标。青年时期是一个人世界观、人生观、价值观形成的重要时期。青年的价值取向决定了一个社会的价值取向。青年由于社会阅历尚浅，价值判断还未成熟，在择业就业的过程中会遭遇到各类状况。社会主义核心价值观的提出为青年指引了正确的价值导向，大学生应该自觉学习社会主义核心价值观并理解其深刻内涵。在此基础上应该着力在各方面去践行社会主义核心价值观。最后，大学生应提升不断创新的意识。理想信念是人生路上的基石，本领是追梦的阶梯。只有练就过硬的本领，才能在中国特色社会主义建设中发挥作用。"青年人正处于学习的黄金时期，应该把学习作为首要任务，作为一种责任、一种精神追求、一种生活方式，树立梦想从学习开始、事业靠本领成就的观念，让勤奋学习成为青春远航的动力，让增长本领成为青春搏击的能量。"[1]

---

[1] 习近平：《习近平谈治国理政》（第一卷），外文出版社2018年版，第51页。

三、"三观"教育视域下大学生就业价值观引导的原则

什么样的就业价值观是正确的？什么样的"三观"是科学的？老庄学派的庄子学识渊博，一生不爱名利。大学生是否可以像庄子那样，安心做一只"鸵鸟"，甚至做"啃老"一族？党和国家历来重视大学生的就业工作，多次通过政策的制定来支持大学生就业。大学生就业选择不仅仅关系到个人发展和家庭和谐，更是关系到党和国家的事业发展。正确就业价值观的基础是"……正确认识自我、就业环境以及两者之间的关系；关键是能指导自我顺利求职就业，能择世所需、择己所长、择己所爱，并能不断获得职业发展；外在表现与保障是能与中国特色社会主义制度、中华传统文化、市场经济发展规律、国家法律法规及就业制度等相统一"[1]。在"三观"教育视域下探究大学生就业价值观引导，推动改进思想政治教育效果，对教育者遵循高等教育规律、规范教育行为、针对教育对象合理使用教育方法具有重要意义。

（一）坚持中国特色社会主义的方向性教育原则

坚持中国特色社会主义方向，也就是坚持正确的政治方向。2016 年，习近平在全国高校思想政治工作会议上强调："我国有独特的历史、独特的文化、独特的国情，决定了我国必须走自己的高等教育发展道路，扎实办好中国特色社会主义高校。我国高等教育发展方向要同我国发展的现实目标和未来方向紧密联系在一起，为人民服务，为中国共产党治国理政服务，为巩固和发展中国特色社会主义制度服务，为改革开放和社会主义现代化建设服务。""四个服务"为高等教育指明了发展方向，也为大学生就业价值观教育指明了方向。坚持明确的中国特色社会主义方向也是高等教育为巩固和发展中国特色社会主义制度服务的基本要求，更是确定了大学生就业价值引导教

---

[1]　钟秋明：《我国当代高校毕业生就业观研究》，博士学位论文，湖南大学，2015 年，第 137 页。

育应以"三观"教育为基础，辅以时代的责任。从中华人民共和国成立初期的培养"具有共产主义思想的又红又专的共产主义接班人"到培养"社会主义四有新人"，再到党的十九大提出的"培养担当民族复兴大任的时代新人"。在不同的历史阶段，大学生负有不同的历史任务，但始终是紧紧围绕着中国特色社会主义建设这个中心，为实现中华民族伟大复兴梦，努力成为科技、经济等各类领域的人才。这是我国大学生思想政治教育的大前提和基本原则。

（二）坚持"国家、社会、个人"三位一体的价值原则

价值包括个人价值和集体价值两个部分，其中涉及的利益也包括个人利益和共同利益两个部分。由于社会分工不同，个人利益与所有交往的人的利益之间存在矛盾。这种矛盾有两个层面的意义：第一个层面是因为分工的强制性和不自愿性，导致个人的活动范围变得固定。第二个层面是因为个人所追求的仅仅是自己的利益，无论何种形式的共同利益，对他们来说都同他们的利益不相符合，"……所以他们认为，这种共同利益是'异己的'和'不依赖'于他们的……"① 对大学生来说，在生存需要还未得到满足的前提下，一味要求其充分考虑共同利益而忽略个人利益甚至放弃个人利益，是违背个体意愿的。事实上，个人利益与社会、国家利益本质上并不是割裂、对立的。恰当的对于薪酬、发展的需要是大学生自身生存和其背后家庭的实际需要，与服务社会、他人并不矛盾。对此，我们不能一味地追问是否存在"个人主义""享乐主义"的思想，而是应充分尊重大学生对个人利益的追求。同时，也应充分使其认识到个人利益和集体利益并非对立，认识到二者的统一性。

功利主义的本质为追逐快乐，一个人的快乐一定不会大于一群人的快

① 中共中央马克思恩格斯列宁斯大林著作编译局编译：《马克思恩格斯选集》（第一卷），人民出版社 2012 年版，第 164 页。

乐。既然判断一切行为的最高原则是快乐，那么能够带给最多的人快乐和幸福的事一定是道德和正义的。"功利原则是这样一个原则，它根据增加或减少当事人的幸福的倾向来认可或拒绝一种行为，我指的是任何一种行为，不仅包括任何私人行为，也包括政府的任何措施。"① 因此最大幸福不仅仅是追求个人幸福的最大化，而是所有人的，全社会的幸福最大化。密尔曾说："功利主义认为行为上是非标准的幸福并不是行为者一己的幸福，乃是一切与这行为有关的人的幸福。"② 最大的幸福超越了个人幸福（个人利益），将个人幸福和社会幸福相统一。这样一种统一的途径首先出于对快乐总量的考虑：无论什么样的社会，社会整体快乐总量肯定是大于个人快乐的。但个体存在的目的不仅仅是为了增加社会快乐总量，因此第二个原则个体通过追求社会快乐总量，实际上最终也是为了个人快乐幸福（个人利益）实现最大化的途径。这样"通过人们对快乐的追求，最终将人们的目光引向对社会整体利益的关注，引向人们的一切活动都应当是为了追求最大多数人的最大幸福"③。以这个原则为出发点的所有行为，只要是符合增加多数人快乐的行为都是正义和道德的。因此，为了绝大多数人的利益及整体的、长远的利益，在必要时是可以牺牲个人的、当前的利益的。在"三观"教育视域下，坚持"国家、社会、个人"三者利益结合的原则作为大学生就业价值观引导的基本价值导向，目的是让大学生在自我生存基本满足之后，能够在未来的人生发展道路上，由单纯的利己取向向利国利民过渡，帮助他们实现个人价值与社会价值的统一，获得追逐快乐的人生满足感。

（三）尊重大学生就业价值观结构化发展原则

人本主义心理学家马斯洛（Maslow）在其 1943 年的文章《人类激励理

① Bentham, *Utilitarians and Other Essays*, Penguim, 1987, pp. 17-18.
② ［英］约翰·穆勒：《功利主义》，徐大建译，商务印书馆 2019 年版，第 18 页。
③ 高兆明：《伦理学理论与方法》，人民出版社 2013 年版，第 300 页。

论》中提出了"需求层次理论"，认为生理、安全、爱与归属、尊重以及自我实现等是人类基本需求的五个层面。将五个层面的需求整合起来，分为促进人的内在驱动力的生理需要和自我实现需要两个部分。前者近于动物性，满足于人作为有机体在一定环境中生存下来的必需。后者近于神性，是人超出动物原始本能而实现自身存在价值的必然结果，也是人格的成长和完善的主要动力。职业事实上只是满足人们生理需要和自我实现需要的一个工具，因此，不能将生理需要和自我实现需要割裂。就业价值观除了满足人们的生理需要，还需要满足人们的自我实现需要。因此，从事不同的劳动最初一定是为了满足自己的基本生存需要，但职业高度发展的今天，劳动已经不仅仅是满足人类的原始生理需要，它也成为证明人类存在和实现自我价值的重要手段和动力。大学生求职时往往忽略职业对于自我实现方面需要的满足，仅仅从生理需要来进行选择。我国心理学者黄希庭等对此进行了研究，研究结果表明职业对于人们自我实现需要的重要性，强调了求职选择时职业社会价值的重要性。

本书在第三章关于就业价值观定性研究中也有调研结果，表明从一个人长远的职业生涯历程来看，从最初的满足吃饭睡觉等基本需求后，对于自我成长发展、自我价值观、社会价值等就业价值观会像马斯洛的需求理论一样呈现逐级上升的图谱。其中，薪酬待遇、福利保障是大学生基础的需要，处于底层位置，作为基本就业价值观维度，贯穿整个职业生涯。在基本需要得到满足以后，其余 6 个维度的就业价值需要（自我特质需要、成长发展需要、工作环境需要、声望地位需要、家庭情感维护需要、文化维护需要）作为中观需要会交替出现。这 6 个维度随着个体的差异化所出现的顺序会有明显的不同，有时会同时出现 1 至 2 个维度。中观层面需求得到满足之后，自我价值需要会作为最高层面需要出现。对自我价值的需求是希望通过劳动实现自我价值，这不仅是个人成就的实现，同时也通过对他人、社会乃至国家产生影响得到个人价值实现。遗憾的是,就业价值观的交替层级关系往往需要大学生在职场摸爬滚打多年,甚至付出一定代价才能明白。

2018年1月,《南方周末》上的一篇文章《大学生心中的"好工作"为何千篇一律》说,当代大学生求职价值观出现偏差,更多的大学生向"钱"看而不向前看,似乎高校开展的"三观"教育、就业价值观教育失败了。其实,这只是我国社会城镇化进程中大学生步入社会时,基础需求在就业价值观中的体现,无须苛责。马克思说,"它(劳动)的产品是使用价值,是经过形式变化而适合人的需要的自然物质"①。工作这种劳动方式无论经过什么样的形式变化,目的始终是满足人的需要。实践证明,当福利保障类的基础需求满足以后,实现个人价值的需求会成为每位高校毕业生的人生价值选择。无论是社会还是高校,都应该尊重高校毕业生个体成长发展规律,尊重大学生就业价值观结构内部图谱化发展规律。相信当代大学生是一个有理想、有责任、有担当的青年群体,最终能够做出正确的求职选择。高校"三观"教育的本质是树立科学世界观、人生观、价值观,不是"不食人间烟火",更不是"纯洁教育"。应该在认同大学生对于物质保障、个人发展需要的基础上,循序渐进地开展"三观"教育、就业价值观教育,做好大学生们的就业价值引导教育。

(四)坚持不同类型学生分类教育原则

不同学校、不同层次、不同专业的大学生由于家庭经济条件不同、对于未来职业发展的认知不同,对于思想政治教育的需求也存在着较大的差异。本书第四章调查研究表明,不同学校、不同专业学生的就业价值观有着明显的差异,家庭条件不同、父母教育背景不同也对大学生的奋斗观有不同影响。因此,在对大学生进行就业价值引导时,不能不顾及不同类型大学生的

---

① 中共中央马克思恩格斯列宁斯大林著作编译局编译:《马克思恩格斯选集》(第二卷),人民出版社2012年版,第173页。

需求，"眉毛胡子一把抓"地使用同一种教育形式、同一种教育内容，应根据不同大学生的差异和需要坚持分类教育原则。

党和国家向来重视思想政治教育的分类教育原则。在延安时期，中共中央要求所有延安在职干部必须学习，包括文化学习、策略学习、相关理论知识学习，等等。"不同种类的在职干部，他们的要求、希望与需要，是不同的；他们的文化、政治、理论、经验的水平，也是不同的；因此，他们在学习上，也不应该是千篇一律的，而应该是有分别的。"① 当时延安在职干部分为四类，每一类学习的具体方向和内容都有详细的规定和要求。

大学生有专科、本科、硕士研究生、博士研究生之分；各类高校中有高职高专、普通综合院校、专业性院校等之别；同类高校有理、工、农、医等各类专业之分。不同类型的高校，不同专业、不同年级的大学生的知识文化水平以及对于未来职业的需求也有差异。因此，"三观"教育视域下的就业引导也应该有分类，让不同类型、不同专业的毕业生都能够在中华民族伟大复兴历史进程中找到自己的位置，成就一番事业。

四、"三观"教育视域下大学生就业价值观引导的内容

在"三观"教育视域下提出大学生就业价值观引导教育，势必要将"三观"教育的内容巧妙融入大学生就业价值观引导中。根据前期调研内容，应结合实际，将习近平新时代中国特色社会主义思想的立场、观点和方法、社会主义核心价值观体系以及社会主义核心价值观基本内容从社会、学校、家庭等多方面融入大学生就业价值观引导教育中。除此之外，还应教导大学生理性看待自身各方面条件，树立积极就业观念。

---

① 中共中央文献研究室中央档案馆编：《建党以来重要文献选编（1921—1949）》（第十八册），中央文献出版社 2011 年版，第 715—716 页。

（一）根本出发点：树立以"中国梦"为核心的人生理想信念

改革开放以来，随着我国经济高速发展，社会呈现多向度发展趋势。青年群体在就业中开始出现求稳定、求清闲、求高薪的思想。谈到理想，不少青年人会觉得"虚无缥缈"甚至"矫情"，要做到在择业中去实践理想更是难上加难。这说明，当前大学生的理想信念出现了一些问题。中华民族伟大复兴处于攻坚克难阶段，我国各地发展还很不平衡，人民生活还没有得到完全改善。这就需要大学生厚植以爱国主义为核心的民族精神和以改革创新为核心的时代精神，不断提升爱国热情和为社会主义建设服务的意识，不断提升自己。

党的十八大以后，新时代赋予青年更大的责任。与以往不同，这样一个时代比以往任何一个时期都更接近实现中华民族伟大复兴的目标，中国比历史上任何时期都更有信心、更有能力实现这个目标。对青年来说，这是一个巨大机遇。大学生作为青年中的佼佼者，理应将个人理想融入国家、社会发展之中。他们需要志存高远，需要脚踏实地，竭尽全力在实现中华民族伟大复兴的实践中放飞青春梦想。

（二）基础价值导向：培育以社会主义核心价值体系为根本的人生价值观

2006 年 10 月，社会主义核心价值体系在党的十六届六中全会通过的《中共中央关于构建社会主义和谐社会若干重大问题的决定》中首次提出。2012 年，党的十八大报告又将广大人民群众的利益诉求与社会主义核心价值体系相结合，高度凝练为富强、民主、文明、和谐，自由、平等、公正、法治，爱国、敬业、诚信、友善的中国特色社会主义共同理想——社会主义核心价值观。

习近平说，"人类社会发展的历史表明对一个民族一个国家来说，最持久、最深层的力量是全社会共同认可的核心价值观"[①]。社会主义核心价值体

---

① 习近平：《习近平谈治国理政》（第一卷），外文出版社 2018 年版，第 168 页。

系就是中国全社会共同认可的核心价值观，而社会主义价值观是社会主义核心价值体系的内核，它集中体现了社会主义核心价值体系的性质和基本特征。2014年5月5日，习近平在与北大师生的谈话中指出，"青年的价值取向决定了未来整个社会的价值取向，而青年又处在价值观形成和确立的时期，抓好这一时期的价值观养成十分重要"。大学生应自觉地在择业就业的过程中践行社会主义核心价值观，将社会主义核心价值观作为自身就业创业的基本价值导向。在创新创业的风浪中保持自我，用社会主义核心价值观指引自己的行为，做到勤学、修德、明辨、笃实，自觉地从各个层面践行社会主义核心价值观，成为社会主义核心价值观的坚定拥护者和传播者。

（三）理性对待家庭资本和个人社会资本的影响

家庭社会资本对青年择业产生一定影响，这种影响有正反两面，大学生应该正确看待家庭社会资本，客观定位自己，摆正心态，努力提升自己。相信最终决定就业质量的是个人社会资本，只有靠自己的力量才能攀登梦想的高峰。毋庸置疑，个人本领的提升是生存的基本动能，而创新能力则是青年不断前进的根本动力。2013年10月21日，习近平在欧美同学会成立100周年庆祝大会上讲话时说道："创新是一个民族进步的灵魂，是一个国家兴旺发达的不竭动力，也是中华民族最深沉的民族禀赋。"[1] 创新已经成为推动一个国家向前发展的重要力量，这就要求大学生提升自身的"不断创新能力"。习近平进一步指出，提升"不断创新能力"须做好以下三方面：第一，开拓进取，勇于创新创造。青年是整个社会中最具有活力、最具有创新思维的群体，必须有敢为人先的锐气、敢于解放思想的底气以及敢于与时俱进的魄力，用不断创新的精神永远引领着社会前进。第二，努力学习，练就个人本领。理想信念是人生路上的基石，本领则是追梦的实现阶梯。练就过硬的本领，大学生才能在"创新创业"的时代大潮中开拓进取，发挥最大的作用。

---

① 习近平：《习近平谈治国理政》（第一卷），外文出版社2018年版，第59页。

第三，矢志不渝，艰苦奋斗。理想不可能轻易实现，中国从积贫积弱的旧社会一步一步迈向今天的繁荣富强，是几代人矢志不渝、艰苦奋斗换来的。今天的大学生同样要发扬自强不息、勇于奋斗的精神，从基层干起，一步一步脚踏实地向前迈进。经过基层的历练，能够积累实践经验，实现自我价值的升华，为将来的创业打下良好的基础。

（四）正确分辨父母亲朋就业价值观影响，消除职业刻板印象

长期以来，人民群众深受传统文化影响，将职业分为三六九等，"学而优则仕""士农工商"等传统思想长期影响着人们对职业的认知。本书第四章调查研究中表明，父母由于教育水平、家庭背景等原因，会影响子女的就业价值观念。面对大学生错误认知，高校就业价值观教育应该着重引导大学生正确看待不同行业、不同工作岗位的价值。大学生对于职业的认知主要表现在以下四点：1. 学而优则仕。古代读书人参加科举考试的目的是做官，担任官员造福一方是古代读书人的梦想。"官"历来都是读书人的首选。一些家庭在子女从业的引导上无可避免地遵从了这个原则。2. 重农轻商。中国古代处于农耕社会，导致重农轻商的思想盛行。本书前期调查研究中，一位访谈对象就谈道："我觉着这个做生意做来做去，好像就是没啥意义，可能有点封建吧！古代不就重农轻商嘛，觉着这个事情，没有什么意义，就是像蛀虫一样，在这儿赚钱，跟这家抠个一万，跟那家抠个两万就这样。"3. 对第三产业的轻视。第三产业从业人员密集、待遇较低、社会地位较低。市场经济发展之下，国家大力发展第三产业。我们不应该一边享受它对我们的服务，一边又对它产生偏见。4. 男主外女主内。这种观念由来已久，认为男性是家庭的支柱，应该在外闯荡。女性则应该更多地照顾家庭。所以一些家庭在指导子女就业时，往往也将上述观念传达给子女，从而在一定程度上限制了他们的发展。以上几种错误观念代表了当下部分大学生因受传统文化和社会影响对于不同行业和岗位产生的错误认知。父母、亲朋的择业引导应对大

学生的这些错误观念进行修正，避免大学生受到这些错误观念的影响，找不到目标和工作的意义。

五、"三观"教育视域下大学生就业价值观引导的途径

前期调查研究表明，对大学生"三观"影响最大的是个人经历。思想政治教育课堂教学中以教师、课堂为中心的教学模式向"以学生为中心"的教学模式转变还不够，导致"三观"教育实效性不强。"以学生为中心"这一促进学生全面发展的教育思想是美国著名心理学家卡尔·罗杰斯于1952年提出的。1998年联合国教科文组织提出：高等教育要"以学生为中心"，关注学生的成长，使学生积极参与到教师的教学活动中。我国高校也积极响应联合国教科文组织的教育理念，在高等教育教学、管理中进行探讨，提出"一切为了学生、为了一切学生、为了学生的一切"的理念。过去的思想政治教育课程教育方式、内容均以教师为中心，教师对于学生了解不够，不能以学生的需求为中心。学生的自主性、创造力被压制，思想政治课程教育效果不佳，成了"作业课""不抬头课"，教育模式亟待改进。除此之外，充分发挥各类教师主体作用，营造良好校园文化氛围，重视新媒体的教育引导，是提升思想政治教育实效的重要途径。

（一）以"学生为中心"理念下教师和学生课堂角色转变

以"学生为中心"的教学模式，要求教师转变"以教师为中心"的教学理念，改变以教师为主体的教育意识，教师应由"传授者"变为"引导者"。改变"一言堂"的局面，把课堂还给学生，与学生共同创造一个有意义的教学过程。这就要求教师以提高学生的全面素质发展为目标，关注学生、尊重学生，利用一切资源充分调动学生参与教学的积极性，为学生营造发现、探索、创造的课堂氛围。要做到这种转变，就要求思想政治课教师首先要有对马克思主义和中国特色社会主义理论坚定的信仰和强烈的教育热情。其次，

要掌握丰富的马克思主义和中国特色社会主义理论知识，能够用丰富的理论知识激发大学生对党和人民的热爱。最后，要有较高的教育教学能力，能够组织好课堂，充当好"引领者"的角色，引导学生不断成长，对不同的学生能够做到因材施教，激发学生学习的自主性，提升学生学习兴趣，培养学生的创造力。

以"学生为中心"的教学模式，不仅要求教师转变"以教师为中心"的教学理念，改变以教师为主体的意识，作为被动接受者的学生也需要角色的转变。在"以学生为中心"的教学模式中，学生由被动甚至被迫"接受者"的角色转为主动的"学习者"，改变原有被强制、被讲授、被跟随的被动状态，成为充满个性、生动活泼的课堂主体。学生必须认识到自己也是课堂的主人翁，与教师的关系由"上下"变为平等。在学习过程中学生必须改变以往"听话""规矩"的状态，变为善于思考、勇于提问，充分挖掘自身"主动""活跃"的学习状态。这就要求学生要有强烈的主体意识，做好充分参与课堂的准备。在教师的引领下，增强自信、拓展眼界，正确认识自己作为学习主体地位的身份。同时，学生也要脱离对教师和课堂的依赖，充分发挥主观能动性，不断培养自己作为自主学习者应该具备的意识、能力、责任心，积极参与思想政治课堂教学，与教师共同创造一段有意义的课堂经历，提升教育效果。

（二）以"学生为中心"理念下充分发挥实践参与法的作用

"以学生为中心"的教育理念不仅要求教师和学生双方角色和意识要进行转变，还要求教师要以提高学生的全面素质为目标，通过引导学生转变学习方法，让学生能够自主学习、探究知识、合作学习。能够通过讨论、实践等一系列活动充分发挥主体作用，挖掘学生的潜能，目的是培养学生正确的"三观"，具有一定的创新精神及创新能力。这就要求教师要做到以下几点：1. 在课堂讲授中要注意"留白"，即避免"满堂讲"。2. 注意课堂讲授后作业的布置。目的是巩固和深化课堂讲授内容，同时结合学生实际，加深学生认识。课外作业的布置应注意与课堂讲授内容的相关性、挑战性。既要适用于所有学生，让所有人都能够结合自己的水平和社会经验完成作业，又要有相应的难度系数，让优秀的学生能够脱颖而出，分出梯度。3. 注意课上课下的实践参与。使用实践参与教学法来增加课堂的乐趣和维持课堂对学生的黏合度，目的是激发学生自主学习、探究以及合作学习的能力。实践环节不仅包括课下，也包括课堂上。课堂上的实践环节，是按照一定的方式将学生分为若干小组，以小组为单位，对学习过的知识进行讨论并转化为每一组的"作品"，向教师以及其他小组展示。这就不仅让学生们学到了知识，还能使其学习到策划、合作、汇报、督导等多种技能。不同小组之间的相互展示，还能够起到同辈督导的作用。课堂下的实践环节除了课堂汇报，还可以设置小视频拍摄、外出参观红色旅游基地等。这个时候的课堂，应该由学生自行策划、组织完成，还应设置学生评委进行课堂相互评定。在讨论阶段，学生对自己的成果进行评判、修改、完善，形成最为满意的"产品"。类似于这样的教学方法，能够激发学生的创新精神和创造能力，对培养学生的协作、忍耐、沟通等综合能力有着重要的作用。

除此之外，以党团活动为载体的高校日常思想政治教育，以社团活动为主要载体的"第二课堂"，以校园外实践为主的"第三课堂"等也是开展思想政治教育有效的途径。大学生从各类党支部活动、班级活动、社团活动、参观实习实践活动中观察和了解社会，增长见识、锻炼能力，还能深入理解思想政治教育的含义，做到教育入脑、入心。《中共中央国务院关于进一步加强和改进大学生思想政治教育的意见》指出："要积极探索和建立社会实践与专业学习相结合、与服务社会相结合、与勤工助学相结合、与择业就业相结合、与创新创业相结合的管理体制。"这就要求高校建立思想政治理论课程专业教师与党团负责老师相联合，思想政治理论课程专业教师与班主任、辅导员相联合，思想政治理论课程专业教师与社会实践机构相联合的教育实践机制。例如，某大学生思想政治理论课程结课作业布置为"红色微电影拍摄"，由学生自由选择主题，与团学组织联合，借用微电影的手法，结合自身感悟，将思想政治课程内化为一个一个5分钟的小故事，再"输出"给全校学生观看。这样的课程实践不仅使得受教育学生实现思想政治教育外化向内化转化，更是充分发挥朋辈督导作用，在同年级学生中产生较大影响。再比如，某大学与学校所在地红色实践基地结合，将思想政治教育课堂搬到了红色教育基地，在红色教育基地中开展人物故事和党史故事的宣讲，利用环境育人方式给学生留下深刻印象。这些思想政治课程改革探索充分发挥实践教育法生活化、日常化作用，使得更多大学生参与到社会实际生活中，从实践中理解中国国情、社情。

（三）发挥各类教师主体性作用，营造良好校园文化氛围

营造良好的校园文化氛围，首先要充分发挥思想政治教育理论课教师的教育作用。2008年，中共中央宣传部、教育部联合发布《关于进一步加强高等学校思想政治理论课教师队伍建设的意见》（教社科〔2008〕5号）。文件中对高等学校思想政治理论课教师队伍建设、教学科研组织建设、教师的选聘配备工作等提出了具体明确的意见。该意见特别提出："进一步加强思想政治理论课教师队伍建设，提高教学水平，用中国特色社会主义理论体系武装大学生，用社会主义核心价值体系引领各种社会思潮，把他们培养成德智体美全面发展的社会主义建设者和接班人。"这就要求思想政治教育理论课教师应该具有对中国特色社会主义主流价值的认同，具有扎实的中国特色社会主义理论知识以及教学技能。这种认同是建立在思想政治教育理论课教师不断学习和研究过去、当前中国基本国情和政策，不断完善自身中国特色社会主义基本理论基础之上的。在自身认可并在实践中遵从中国特色社会主义主流价值的基础之上，才能形成社会主义主流意识形态的"三观"，才能在

青年学子毕业面临人生重大选择时给予正确的引导。

其次应充分发挥辅导员、班主任在日常教育渠道中对于正确"三观"的引导作用。2014 年 3 月，教育部发布《高等学校辅导员职业能力标准（暂行）》，明确将辅导员的职业定义为："辅导员是开展大学生思想政治教育的骨干力量，是高校学生日常思想政治教育和管理工作的组织者、实施者和指导者。辅导员应当努力成为学生的人生导师和健康成长的知心朋友。"该标准还对辅导员应具有的专业知识和职业能力进行了详细的规定，明确高校辅导员应该对青年学子开展就业观、择业观方面的教育。这就要求高校辅导员老师除了为学生提供基本的就业管理、服务以外，还要能够不断学习中国特色社会主义理论知识，了解党和国家对大学生择业就业的要求，从而能够对大学生就业观择业观进行正确引导。辅导员老师与学生的接触是在课堂之外，因此辅导员老师的"三观"往往更容易影响学生。当下许多优秀的辅导员老师开通了个人微博和微信公众号，在高校学生群体中具有一定的影响力。辅导员老师更应该充分利用公众身份和影响力，纠正大学生的不正确就业观念，引导他们将个人追求融入中华民族伟大复兴中国梦之中。

最后，应发挥其他课程教师在教书过程中的育人作用。在 2016 年 12 月全国高校思想政治工作会议上，习近平提出："要坚持把立德树人作为中心环节，把思想政治工作贯穿教育教学全过程，实现全程育人、全方位育人，努力开创我国高等教育事业发展新局面。"① 指出思想政治工作不仅是高校思想政治教育的事，也是教育教学全过程的事；不仅是思想政治工作教师的事，更是全体高校教师教书育人的本职工作。无论是基础课还是专业课，所有课程教师都要在课堂上发挥对大学生"三观"教育的协同作用，从课堂内容、课堂形式等多方面帮助大学生树立正确的"三观"。

---

① 习近平：《把思想政治工作贯穿教育教学全过程　开创我国高等教育事业发展新局面》，《人民日报》2016 年 12 月 9 日第 1 版。

（四）发挥群团工作的保障作用，重视新媒体对于大学生“三观”影响

完善以创新创业政策保障为支撑的群团工作。共青团作为中国共产党的助手和后备军，始终致力于在各个层面引导青年成长为国家建设的中坚。习近平在 2013 年 6 月同团中央新一届领导班子集体谈话时指出："随着经济社会快速发展，当代青年在成长成才、身心健康、就业创业、社会融入、婚恋交友等方面也面临着新的困难和问题。"① 这就要求包括工会、共青团、妇联在内的群团组织，首先要在就业创业方面帮助他们解决困难。大学生作为青年中的优秀群体，更应是各类群团组织重点关心的对象。其次，大学生身上蕴含着极大的创造能量和活力，团组织要充分认识大学生的这种特质，深入研究当代大学生的新特点，关爱他们，为国家的经济发展以及创新性建设培养可靠的接班人和后备军。最后，共青团应该加大现有创新创业机构、组织、环境的改革和创新，从政策保障、制度激励等方面加强对青年人才的培养，与其他群团组织一起为优秀的青年人才营造一个良好的创新创业制度环境。

净化网络宣传舆论效益，抵制低俗不良网络传播。网络成为青少年获取信息的主要途径之一，小视频 APP 的兴起更是掀起了一阵风浪。近年来，一些直播短视频平台的低俗不良信息，因舆论反映强烈，遭到国家网信办依法约谈。"出于博取眼球、获取流量目的，疏于账号管理，任由未成年人主播发布低俗不良信息，突破社会道德底线、违背社会主流价值观，污染网络空间，严重影响青少年健康成长。"② 在网络中存在着大量涉黄涉赌类不良信息，以及低俗、违规、假信息等。在一项针对青少年的调查显示，网络成了

---

① 中共中央文献研究室编：《习近平关于青少年和共青团工作论述摘编》，中央文献出版社 2017 年版，第 65—66 页。

② 《快手、火山小视频被约谈》，人民网，2018 年 4 月 8 日，http://it.people.com.cn/n1/2018/0408/c1009-29910533.html。

影响当前青少年"三观"的主要途径之一。净化网络生态，刻不容缓！习近平总书记指出："网络空间是亿万民众共同的精神家园。……谁都不愿生活在一个充斥着虚假、诈骗、攻击、谩骂、恐怖、色情、暴力的空间。……互联网不是法外之地，没有哪个国家会允许这样的行为泛滥开来。"大学生处于"三观"形成阶段，他们接受信息的来源渠道广泛，社会各级网信部门有义务对网络进行监督管理，净化网络环境。对于各类低俗、价值观扭曲、有负面影响内容的应该禁止传播，为广大网民特别是青少年营造风清气正的网络环境。绝不能让乌烟瘴气的网络生态污染大学生的价值观念。

正能量，用榜样的力量引领大学生就业新思潮。随着改革开放的深入，西方各类思潮涌入，人们开始崇尚金钱和权力。2015 年某明星的婚礼与中国科学家屠呦呦获得诺贝尔科学奖的新闻几乎在同一时期播出。前者被媒体争相报道，后者遭到冷遇，甚至不少人不知道屠呦呦是谁。这类现象不经意间传达的是什么不言而喻。当代中国不断涌现的青年知识分子用一生去践行将个人价值与集体价值结合的事迹，才应该是最好的榜样。远的有 25 岁的北京大学高才生樊锦诗以 50 余年的执着扎根甘肃大漠，致力于敦煌研究；近的有 2021 年香港中文大学建筑学女博士万丽毕业时选择到偏远农村帮助当地村民建造抗震的夯土房子。他们是当今青年践行"国家、社会、个人"三位一体价值观的榜样。榜样的力量是无穷的，媒体对于正面典型的宣传是对真善美的承认，对假恶丑则是一种无形的批判。宣传部门可以通过开展各种形式的向模范人物、积极分子学习的活动，帮助大学生看到个人价值的实现需要得到社会的肯定，才是真正意义上的事业成功、人生圆满。更重要的是，教会大学生站在历史发展的长河之中看待个人，才有可能正确认识自己，激励他们在历史的发展、社会的进步、人民的事业中有所作为，有所贡献。

六、小结

本章主要在"三观"教育视域下构建大学生就业引导的实施路径。对大学生思想政治教育的改进提出了一些意见和建议，确立了"三观"教育视域下大学生就业价值观引导的教育目标。提出了教育基本原则是坚持中国特色社会主义方向，坚持"国家、社会、个人"利益相统一，以及在尊重就业价值观结构发展规律的原则下开展分类教育。特别强调了在思想政治教育中应将"以教师为中心"的教学模式转向"以学生为中心"的教学模式，目的是为学生提供一段有意义的成长经历，从而促进其正确"三观"的形成，提升思想政治教育的实效性。大学生的思想政治教育不仅是社会、家庭、学校的事，而且是大学生本人的事。因此，提出应该激发大学生自我教育、自我管理、自我服务的意识和能力。大学生就业价值观引导不仅关系到毕业后工作满意度，还关系到社会稳定和经济发展。因此，必须在"三观"教育视域下做好大学生就业价值观引导，树立正确的"三观"和就业观、择业观，才能实现祖国富强，民族复兴。

结　语

让大学生在砥砺奋斗中实现"中国梦"

我国思想政治教育始终服务于国家经济建设需要，坚持集体主义基本价值取向，在积极引导大学生将个人利益与国家利益相结合，为社会主义经济建设做贡献方面发挥了重要作用。本书首先从当前大学生就业中的迷茫、彷徨、"闪辞"、"裸辞"等现象入手，提出当前大学生就业观问题的根源是"三观"问题，并用一个典型案例进行了验证。其次，通过梳理马克思主义价值观理论以及历代党的领导人对于马克思主义价值观理论的继承和发扬，认为就业价值观引导根本是树立"国家、社会、个人"三位一体的价值观。通过质性研究以及定量研究，探求问题的表现和原因，认为"三观"显著影响就业价值观并呈正相关关系。其中社会变化和杰出人物（社会影响）、父母教养和家庭条件（家庭影响）、校园文化氛围（学校影响）、个人经历（个人影响）等对大学生"三观"的形成有显著影响。研究表明，对于大学生就业观问题应在"三观"教育视域下进行深入探究，而非一味批评大学生"向钱看""太功利"，提出在"三观"教育视域下的大学生就业价值观引导和改进实施路径。

本书的几个重要结论体现在如下几个方面：

1. 大学生就业价值观问题根源是对集体利益和个人利益结合认知偏差。本书在"三观"教育视域下对大学生就业价值观问题的本质进行调查研究，通过实证研究认为大学生就业价值观可能存在以下问题：不能在社会价值与个人价值间建立联系；不能用哲学思维处理好长远利益与眼前利益的关系；不能很好地理解获取与付出的关系，甚至将二者对立。最终导致大学生虽然认可集体主义，但在求职以及工作中却忽略职业社会价值，不愿为更大的收益付出眼前的代价，出现"只知不行"的怪象。

2. 个人经历显著影响大学生"三观"，从而影响就业价值观。大学生"三观"受到多个方面的复杂影响，以往研究中往往将问题归结为社会环境、高校教育效果等。本书表明大学生"三观"依次受到个人经历、家庭背景、学校教师以及学校氛围、社会重大变化以及社会杰出人物等显著影响。其中质性研究和定量研究均表明个人经历显著影响其"三观"，远高于其他影响因素。所以，个人经历是大学生"三观"最为重要的影响因素。基于以上观点，高校提升大学生思想政治教育效果，培养社会主义时代新人，应以给大学生创造一个有意义的教育经历为重点。

3. 家庭社会资本、个人社会资本显著影响大学生就业价值观及就业过程。大学生就业价值观及就业过程除了受到个人经历生活影响以外，还受到包括家庭和个人的社会资本强关系显著影响。部分家庭社会资本存量较大，故家庭条件较好的大学生对于家庭社会资本有着一定的依赖性，而这种存量和使用量圈层可能还有扩大的趋势，让部分家庭社会资本较弱的大学生在求职中似乎感到一定的劣势。但研究表明，家庭社会资本只在初期对大学生就业有着一定的影响，就业质量最终还是由个体社会强关系资本决定的，因此，高校、社会应该着力引导大学生在校期间通过各种途径努力提升个人能力，以应对这种不平衡。

本书的写作已经完成，但相关研究还在继续。未来，如果开展进一步调查研究，还可以从以下几个方面进行推进：

1. 深入挖掘家庭社会资本、个人社会资本与大学生就业的关系。大学生就业到底是家庭社会资本影响更大还是个人社会资本影响更大，即"寒门学子到底是否能够出贵子"一直是学界讨论的热点。本书的初步研究结论认为二者同时作用于大学生，最终还是个人社会资本影响更大。但研究受到样本数量、代表性等制约还不够深入，还可以从家庭社会资本分类、个人社会资本积累等多个方面展开深入研究。

2. 注重对未就业大学生以及毕业后大学生的"三观"调查。未就业大学生虽然目前只占极少数，但随着经济发展有扩大的趋势。他们毕业后走入社会后，"三观"会受到冲击，在校期间受到的思想政治教育也会受到冲击。如何使教育深入人心，保证教育效果，毕业生们的调查研究应该成为未来研究的重要部分。

3. 从"个人经历"衍生出思想政治教育"社会实践"的教学新模式。本书对大学生"三观"影响因素进行了研究，包括社会、家庭、学校、个人四个部分的影响。其中"个人经历"影响最大，那么由此是否可以在思想政治教育的课堂中增设社会实践部分，如何才能达到增强教育实效性的目的，应该是未来开展研究的重点。

总而言之，大学生就业问题是自1999年大学扩招以来学界普遍关注的问题。对大学生就业价值观开展相关研究，不仅有利于解决当前大学生"就业难"的问题，还有助于检验思想政治教育中"三观"教育在就业问题上的教育效果，更有助于检验高校人才培养质量，为将大学生培养成"又红又专"的社会主义时代新人提供保障。

后　记

　　本书是在我的博士毕业论文基础上修订而成的，全文于 2022 年 5 月完稿，于 2024 年 3 月最后修订完成。对于大学生就业问题的关注是自 2011 年开始的，作为高校学生工作中普通的一名辅导员老师，我在繁忙的工作之余，开设了"职业生涯与发展规划"这样一门课程，也由此开始关注和学习大学生职业指导的专业知识，并在工作中对学生的就业问题开展讲座和一对一的指导。我逐渐发现，当代大学生对比我们的父辈 50 后大学生以及他们的父辈 60 后、70 后大学生，择业选择更加困惑和迷茫。许多大学生不知道如何选择职业，走上工作岗位后又出现诸多不适应，走马观花地换工作并不是个别现象。还有许多大学生在工作中受挫后，马上返回学校继续深造，我也多次在研究生入学考试面试的现场，听到不止一个同学谈到就读研究生的目的是"不想工作"，仿佛继续攻读学位成为工作不顺心的"致胜法宝"。几年的工作下来，我感到当代大学生的就业选择或许不是太少，而是太多了，多到不知道怎么选，多到无法判断不同工作的区别到底是什么。最后，没办法，他们只能用工作给予的待遇来区分，自认为聪明地选了那个给钱最多的，结果发现并不适合自己。

　　那么，大学生就业价值观到底怎么了？他们受到什么影响才会有这些迷茫、困惑？如何解决这些困惑？这是我 2014 年博士入学之初就想知道的答案。所幸，在进行研究的过程中得到了我的导师——西南交通大学马克思主义学院肖平教授以及博士生导师团队何云庵教授、胡子祥教授、林伯海教授、苏志宏教授、田永秀教授等多位老师的帮助，才让本书得以最终定稿。我不敢说本书的十几万字能够将如此复杂的问题探究清楚，但我希望能给那些对大学生就业问题感兴趣的读者一点启发。本书得以成稿问世，特别想感谢在质性研究和定量研究过程中给予我帮助的我的博士班同学张若云、冯正强、崔秀然以及高中同学王帆等，还有日常工作中给予我支持的时任西南交通大学党委学工部高平平部长、张军琪部长、邢晓鹏副部长，招生就业处黄春蓉副处长，以及机械工程学院、轨道交通运载系统全国重点实验室的多位领导和同事。感谢书中那些愿意把自己求职成功或失败的故事毫无保留地讲给我听的受访者们和认真填写调研问卷的同学们。还要感谢我的家人，能够十几年如一日地支持我在科研这条道路上不断前进。

最后，感谢光明日报出版社的编辑，让本书得以出版。由于本人的能力有限，书中难免有不足和谬误之处，恳请各位同行不吝赐教，予以批判指正。

参考文献

一、经典著作及文献

1. 中共中央马克思恩格斯列宁斯大林著作编译局编译. 马克思恩格斯全集（第三卷）［M］. 北京：人民出版社，2002.

2. 中共中央马克思恩格斯列宁斯大林著作编译局编译. 马克思恩格斯全集（第三十八卷）［M］. 北京：人民出版社，2019.

3. 中共中央马克思恩格斯列宁斯大林著作编译局编译. 马克思恩格斯全集（第四十九卷）［M］. 北京：人民出版社，2016.

4. 中共中央马克思恩格斯列宁斯大林著作编译局编译. 马克思恩格斯文集（第一卷-第五卷）［M］. 北京：人民出版社，2009.

5. 中共中央马克思恩格斯列宁斯大林著作编译局编译. 马克思恩格斯选集（第三版）（第一卷）［M］. 北京：人民出版社，2012.

6. 中共中央马克思恩格斯列宁斯大林著作编译局编译. 马克思恩格斯选集（第三版）（第二卷）［M］. 北京：人民出版社，2012.

7. ［苏］列宁. 列宁全集（第二版增订版）（第十六卷）［M］. 北京：人民出版社，2017

8. ［苏］列宁. 列宁全集（第二版增订版）（第三十八卷）［M］. 北京：

人民出版社，2017.

9. ［苏］列宁．列宁全集（第二版增订版）（第四十二卷）［M］．北京：人民出版社，2017.

10. 中共中央马克思恩格斯列宁斯大林著作编译局编译．斯大林全集（第十三卷）［M］．北京：人民出版社．1956.

11. 中共中央马克思恩格斯列宁斯大林著作编译局编译．斯大林选集（下卷）［M］．北京：人民出版社．1979.

12. 中共中央文献研究室编．毛泽东选集（第一卷–第四卷）［M］．北京：人民出版社．1991.

13. 中共中央文献研究室编．毛泽东文集（第一卷–第二卷）［M］．北京：人民出版社．1993.

14. 中共中央文献研究室编．毛泽东文集（第三卷–第五卷）［M］．北京：人民出版社．1996.

15. 中共中央文献研究室编．毛泽东文集（第六卷–第八卷）［M］．北京：人民出版社．1999.

16. 中共中央文献编辑委员会．毛泽东著作选读（下册）［M］．北京：人民出版社．1986.

17. 邓小平．邓小平文选（第一卷–第二卷）［M］．北京：人民出版社，1994.

18. 邓小平．邓小平文选（第三卷）［M］．北京：人民出版社，1993.

19. 中共中央文献研究室编．邓小平思想年编（1975—1997）［M］．北京：中央文献出版社，2011.

20. 江泽民．论"三个代表"［M］．北京：中央文献出版社，2001.

21. 江泽民．江泽民文选（第一卷–第三卷）［M］．北京：人民出版社，2006.

22. 胡锦涛. 胡锦涛文选（第一卷-第三卷）[M]. 北京：人民出版社，2016.

23. 习近平. 习近平谈治国理政 [M]. 北京：外文出版社，2014.

24. 习近平. 习近平谈治国理政（第一卷）[M]. 北京：外文出版社 2018.

25. 习近平. 习近平谈治国理政（第二卷）[M]. 北京：外文出版社，2017.

26. 中共中央文献研究室编. 习近平关于全面深化改革论述摘编 [M]. 北京：中央文献出版社，2014.

27. 中共中央文献研究室编. 习近平关于全面依法治国论述摘编 [M]. 北京：中央文献出版社，2015.

28. 中共中央宣传部. 习近平总书记系列重要讲话读本 [M]. 北京：学习出版社，人民出版社，2016.

29. 中共中央宣传部编. 习近平总书记系列重要讲话读本 [M]. 北京：学习出版社，人民出版社，2016.

30. 习近平. 在省部级主要领导干部学习贯彻党的十八届五中全会精神专题研讨班上的讲话 [M]. 北京：人民出版社，2016.

31. 中共中央文献研究室. 习近平关于青少年和共青团工作论述摘编 [M]. 北京：中共文献出版社，2017.

二、重要文献选编及文件汇编

1. 中共中央文献研究室编. 三中全会以来重要文献选编（上，下）[G]. 北京：人民出版社，1982.

2. 中共中央文献研究室编. 十二大以来重要文献选编（上，中）[G]. 北京：人民出版社，1986.

3. 中共中央文献研究室编. 十二大以来重要文献选编（下）［G］. 北京：人民出版社，1988.

4. 中共中央文献研究室编. 十三大以来重要文献选编（上，中）［G］. 北京：人民出版社，1991.

5. 中共中央文献研究室编. 十三大以来重要文献选编（下）［G］. 北京：人民出版社，1993.

6. 中共中央文献研究室编. 十四大以来重要文献选编（上）［G］. 北京：人民出版社，1996.

7. 中共中央文献研究室编. 十四大以来重要文献选编（中）［G］. 北京：人民出版社，1997.

8. 何东昌主编. 中华人民共和国重要教育文献（1949—1975）［G］. 海口. 海南出版社，1998.

9. 中共中央文献研究室编. 十四大以来重要文献选编（下）［G］. 北京：人民出版社，1999.

10. 中共中央文献研究室编. 十五大以来重要文献选编（上）［G］. 北京：人民出版社，2000.

11. 中共中央文献研究室编. 十五大以来重要文献选编（中）［G］. 北京：人民出版社，2001.

12. 中共中央文献研究室编. 十五大以来重要文献选编（下）［G］. 北京：人民出版社，2003.

13. 中共中央文献研究室编. 十六大以来重要文献选编（上）［G］. 北京：中央文献出版社，2005.

14. 中共中央文献研究室编. 十六大以来重要文献选编（中）［G］. 北京：中央文献出版社，2006.

15. 中共中央宣传部理论局编. 科学发展观学习读本［G］. 北京：学习

出版社，2006.

16. 中共中央文献研究室编. 十六大以来重要文献选编（下）［G］. 北京：中央文献出版社，2008.

17. 中共中央文献研究室编. 十七大以来重要文献选编（上）［G］. 北京：中央文献出版社，2009.

18. 中共中央文献研究室编. 三中全会以来重要文献选编（上，下）［G］. 北京：人民出版社，2011.

19. 中共中央文献研究室编. 十七大以来重要文献选编（中）［G］. 北京：中央文献出版社，2011.

20. 中共中央文献研究室编. 建国以来重要文献选编（1921-1949）第十八册［G］. 北京：中央文献出版社，2011.

21. 中共中央文献研究室编. 十七大以来重要文献选编（下）［G］. 北京：中央文献出版社，2013.

22. 中共中央文献研究室编. 十八大以来重要文献选编（上）［G］. 北京：中央文献出版社，2014.

23. 教育部思想政治工作司组编. 加强和改进大学生思想政治教育重要文献选编（1978-2014）［G］. 北京：知识产权出版社，2015.

24. 中共中央文献研究室. 十八大以来重要文献选编（中）［G］. 北京：中央文献出版社，2016.

25. 中国共产党第十九次全国代表大会文件汇编［G］. 北京：人民出版社，2017.

三、学术专著和中文译著

1. 黄希庭，徐凤姝. 大学生心理学［M］. 上海：上海人民出版社，1988.

2. 黄希庭. 心理学导论［M］. 北京：人民教育出版社，1991.

3. 袁贵仁. 价值学引论［M］. 北京：北京师范大学出版社，1991.

4. 朱贻庭. 当代中国道德价值导向［M］. 上海：华东师范大学出版社，1994.

5. 俞文钊. 职业心理与职业指导［M］. 北京：人民教育出版社，1996.

6. 樊浩. 中国伦理精神的现代建构［M］. 南京：江苏人民出版社，1997.

7. 邓球柏. 中国传统文化与思想政治教育［M］. 北京：首都师范大学出版社，1999.

8. 苏颂平. 分化与整合—当代中国青年价值观［M］. 上海：上海社会科学院出版社，2000.

9. 王路江. 测量愿望—大学生职业选择实证研究［M］. 北京：中国人民大学出版社，2001.

10. 张耀灿，陈万柏主编. 思想政治教育学原理［M］. 北京：高等教育出版社，2001.

11. 吴潜涛. 伦理学与思想政治教育［M］. 郑州：河南人民出版社，2003.

12. 王玉梁. 当代中国价值哲学［M］. 北京：人民出版社，2004.

13. 张岱年. 中国伦理思想史［M］. 上海：上海人民出版社，2005.

14. 张进辅等. 青少年价值观的特点构想与分析［M］. 北京：新华出版社，2006.

15. 张耀灿. 现代思想政治教育学［M］. 北京：人民出版社，2006.

16. 罗国杰. 中国伦理思想史（上下）［M］. 北京：中国人民大学出版社，2008.

17. 钟伦荣. 毛泽东的价值观［M］. 长沙：湖南人民出版社，2008.

18. 陈成文．大学生择业观教育研究［M］．北京：中央文献出版社，2008.

19. 张岱年．中国伦理思想研究［M］．南京：江苏教育出版社，2009.

20. 宋希仁主编．西方伦理思想史［M］．北京：中国人民大学出版社，2010.

21. 吴明隆．问卷统计分析实务［M］．重庆：重庆大学出版社，2010.

22. 蔡元培．中国伦理学史［M］．上海：上海古籍出版社，2011.

23. 费孝通．乡土中国　生育制度　乡土重建［M］．北京：商务印书馆，2011.

24. 万俊人．现代西方伦理学史［M］．北京：中国人民大学出版社，2011.

25. 黄钊．中国古代德育思想史论［M］．北京：中国社会科学出版社，2011.

26. 肖平主编．理工科高校职业道德教育研究［M］．成都：西南交通大学出版社，2011.

27. 童敏．流动儿童应对学习逆境的过程研究——一项抗逆力视角下的扎根理论分析［M］．北京：中国社会科学出版社，2011.

28. 张启华，张树军．中国共产党思想理论发展史（下卷）［M］．北京：人民出版社，2011.

29. 宋元林主编．中国传统文化与思想政治教育研究［M］．长沙：湖南大学出版社，2012.

30. 沈壮海．思想政治教育发展报告［M］．北京：高等教育出版社，2012.

31. 罗国杰．马克思主义价值观研究［M］．北京：人民出版社，2013.

32. 葛兆光．中国思想史（第2版）［M］．上海：复旦大学出版社，2013.

33. 武东升主编. 中国古代思想政治教育史 [M]. 天津：南开大学出版社, 2013.

34. 白显良. 隐性思想政治教育基本理论研究 [M]. 北京：人民出版社, 2013.

35. 杨国枢主编. 中国人的价值观 [M]. 北京：中国人民大学出版社, 2013.

36. 风笑天. 社会研究方法（第四版）[M]. 北京：中国人民大学出版社, 2013.

37. 贾俊平. 统计学 [M]. 北京：中国人民大学出版社, 2014.

38. 高兆明. 伦理学理论与方法 [M]. 北京：人民出版社, 2013.

39. 赵周贤, 刘光明主编. 新时代的理论思考（下）[M]. 北京：人民出版社, 2019.

40. ［墨西哥］阿道夫·桑切斯·巴斯克斯著, 实践的哲学 [M]. 白亚光, 译. 哈尔滨：黑龙江人民出版社, 1987.

41. ［美］多梦西·罗古斯. 当代青年心理学 [M]. 张进辅、张庆林, 译. 长沙：湖南人民出版社, 1991.

42. ［美］塞缪尔·亨廷顿, 劳伦斯·哈里森主编. 文化的重要作用——价值观如何影响人类进步 [M]. 程克雄, 译. 北京：新华出版社, 2002.

43. 阮曾媛琪著. 中国就业妇女社会支持网络研究"扎根理论"研究方法的应用 [M]. 熊跃根, 译. 北京：北京大学出版社, 2002.

44. ［美］林南. 社会资本：关于社会结构与行动的理论 [M]. 张磊, 译. 上海：上海人民出版社, 2005.

45. ［美］艾尔·巴比. 社会研究方法（第十一版）[M]. 邱泽奇, 译. 北京：华夏出版社, 2009.

46. ［美］埃文·塞德曼著. 质性研究中的访谈——教育与社会科学研究者指南（第3版）［M］. 周海涛，译. 重庆：重庆大学出版社，2009.

47. ［英］凯西·卡麦兹. 陈向明校. 建构扎根理论：质性研究实践指南［M］. 边国英，译. 重庆：重庆大学出版社，2009.

48. ［英］约翰·穆勒. 功利主义［M］. 徐大建，译. 北京：商务印书馆，2019.

四、学术论文与学位论文

1. 温克勤. 社会主义市场经济与集体主义道德［J］. 中州学刊，1993（02），61-65.

2. 晓舟. 坚持集体主义是社会主义市场经济的内在要求—全国"改革开放与人生价值观"研讨会述要［J］. 教学与研究，1993（05），10-13.

3. 徐振江. 毛泽东论集体利益和个人利益相结合原则［J］. 道德与文明，1993（06），7-10.

4. 吴木. 关于加强和改进世界观、人生观、价值观教育的若干思考［J］. 中国青年研究，1995（03），3.

5. 罗国杰. 树立正确的世界观、人生观和价值观［J］. 中国特色社会主义研究，1996（03），4.

6. 陈英. 论当代青年价值观的"两难"与集体主义的回归［J］. 中国青年政治学院学报，1996（02），6.

7. 罗国杰. 坚持集体主义　还是"提倡个人主义"？［J］. 求是，1996（14），16-21.

8. 宁维卫. 中国城市青年职业价值观研究［J］. 成都大学学报（社会科学版），1996（04），10-12+20.

9. 杨浩文. 为人民服务与集体主义的联系［J］. 道德与文明，1997

（05），2.

10. 刘宪春，刘春. 高校精神文明建设与大学生"三观"的形成［J］. 中国青年政治学院学报，1999（02），3.

11. 曾素萍. 试论社会主义市场经济的集体主义［J］. 江西社会科学，2000（01），3.

12. 吴向东. 人民功利主义论［J］. 北京师范大学学报（人文社会科学版），2000（03），100-107.

13. 肖平. 工程中的利益冲突与道德选择［J］. 道德与文明，2000（04），26-29.

14. 苏伟. 论社会主义价值观与市场经济价值观的矛盾统一［J］. 四川大学学报（哲学社会科学版），2001（03），5-11.

15. 孙金钰. 试论集体主义的价值及其增值趋势［J］. 中州学刊，2001（05），69-71.

16. 王京跃. 论 21 世纪集体主义道德原则［J］. 求实，2001（06），48-51.

17. 罗国杰. 哲学社会科学和"三观教育"［J］. 中国人民大学学报，2002（03），8-10.

18. 陈瑛. 平凡蕴含真理　真理指向高尚——冯定关于人生观问题的论述［J］. 湖南师范大学社会科学学报，2002（04），5-10+65.

19. 杨宗元. 社会主义市场经济条件下义与利的冲突与协调［J］. 郑州大学学报（哲学社会科学版），2002（06），55-60.

20. 卢玫. 市场经济与集体主义教育［J］. 西南民族大学学报（人文社科版），2003（07），232-234+365.

21. 盛春辉. 从价值观形成的规律看价值观教育［J］. 求索，2003（04），180-182+257.

22. 肖平，朱孝红. 职业道德现状与职业道德教育的边缘化 [J]. 高等工程教育研究，2004（05），40-43.

23. 徐柏才. 必须大力加强大学生的理想信念教育 [J]. 中南民族大学学报（人文社会科学版），2005（01），171-174.

24. 吴倬. 关于价值观教育方法论的哲学思考 [J]. 清华大学学报（哲学社会科学版），2005（02），10-14+18.

25. 丁养东. 对青年学生进行"三观"教育的思考 [J]. 中国青年政治学院学报，2006（02），29-31.

26. 魏晓笛. 对社会转型时期集体主义内涵的重新解读 [J]. 理论学刊，2007（02），45-47.

27. 陈柳钦. 资本研究的新视野：社会资本研究的综述 [J]. 云南财经大学学报，2007（04），12-20.

28. 周文华，刘小新. 近年来我国大学生价值观研究状况分析 [J]. 中国青年政治学院学报，2008（02），29-32.

29. 姚军. 和谐社会视域中大学生价值观教育的意义诉求 [J]. 辽宁教育研究，2008（02），114-116.

30. 唐昆雄，杨斌. 大众传媒与当代大学生价值观困惑问题研究 [J]. 湖北社会科学，2008（03），185-187.

31. 裴正轩. 大学生"三观"教育中的逻辑关系析论 [J]. 当代世界与社会主义，2008（04），128-131.

32. 李桂梅. 和谐社会的人生观教育 [J]. 湖南师范大学社会科学学报，2008（06），40-45.

33. 曾嘉坤. 当代青年集体主义观的发展与变迁 [J]. 中国青年研究，2009（05），26-29.

34. 薛利锋. 大学生择业心理与择业价值观教育 [J]. 东北师大学报

（哲学社会科学版），2010（01），175-178.

35. 陈德明. 发挥思想政治教育在职业生涯辅导中的主导性 [J]. 思想教育研究，2010（05），29-31.

36. 张道理，华杰. 论当代大学生人生价值观教育 [J]. 湖北社会科学，2010（05），176-178.

37. 朱俊林. 大学生人生观教育方法创新的思考 [J]. 伦理学研究，2010（05），64-68.

38. 张苏峰. 大学生价值观教育问题的反思、析因及应对 [J]. 东北师大学报（哲学社会科学版），2010（06），263-264.

39. 屈善孝. 以职业生涯规划为切入点深化大学生思想政治教育 [J]. 思想理论教育导刊，2010（07），97-99.

40. 彭娟，张革华. 论大学生职业生涯发展教育对思想政治教育的目标借鉴 [J]. 湖北社会科学，2011（04），182-184.

41. 常欣欣. 现阶段我们倡导怎样的集体主义—社会主义价值观之集体主义再认识 [J]. 科学社会主义，2011（06），13-17.

42. 黄显中. 集体主义的伦理意蕴—毛泽东对社会主义伦理秩序的探寻 [J]. 道德与文明，2011（06），36-42.

43. 吴广庆. 价值澄清理论对青少年价值观教育的借鉴 [J]. 中国青年研究，2012（01），109-112+116.

44. 伍万云. 当代集体主义价值观的历史反思与现实重构 [J]. 科学社会主义，2012（04），60-63.

45. 崔振成. 现代性价值系统危机与价值观教育 [J]. 教育理论与实践，2012（04），11-14.

46. 唐景成. 抗战时期毛泽东的知识分子与工农兵相结合思想及其当代价值 [J]. 广西社会科学，2012（04），107-110.

47. 罗国杰. 关于集体主义原则的几个问题 [J]. 思想理论教育导刊，2012（06），36-39.

48. 冯洁. 论"集体主义"概念在近代中国发展的历史脉络和内在逻辑 [J]. 理论月刊，2012（09），137-142.

49. 费拥军. 高校社会主义核心价值观教育路径探究—基于人的自由全面发展思想的视阈 [J]. 学术探索，2012（12），167-169.

50. 廖海华，邹燕娇. 高等教育大众化背景下大学生就业观的误区及引导 [J]. 思想政治教育研究，2012（04），122-124.

51. 耿丽萍. 当代大学生职业成功观误区探析 [J]. 思想教育研究，2012（04），73-76.

52. 张革华，彭娟. 思想政治教育主导性视域下的大学生职业生涯发展教育审思 [J]. 思想教育研究，2013（01），90-93.

53. 迟成勇. 论张岱年的人生哲学思想 [J]. 南昌大学学报（人文社会科学版），2013（02），45-52.

54. 李辉. 关于引导青少年树立正确的世界观、人生观、价值观的几点思考 [J]. 中国青年研究，2013（04），43-45+78.

55. 葛春. 美国大学价值观教育课程探析 [J]. 国家教育行政学院学报，2013（06），91-95.

56. 兰婷，李壮凌. 先秦儒家道德教育思想对大学生价值观教育的启示 [J]. 思想教育研究，2013（06），98-102.

57. 陈荣卓，王姗姗. 社会管理视阈下集体主义的变迁与个体利益的实现 [J]. 伦理学研究，2013（06），94-98.

58. 刘岩，杨晓宁. 社会主义核心价值观教育有效实现的三个维度 [J]. 广州大学学报（社会科学版），2013（09），35-38.

59. 蒋红，杨菲. 边疆多民族地区高校"六观"教育现状及实施路径研

究 [J]. 思想理论教育导刊, 2013 (10), 118-122.

60. 武晓华. 加强大学生职业道德教育的若干思考 [J]. 思想理论教育导刊, 2014 (02), 118-121.

61. 贺妍, 肖平. 基于对话哲学的公民品质与公民技能 [J]. 西南民族大学学报, 2014 (03), 70-73.

62. 肖述剑, 李珂. 论大学生社会主义核心价值体系认同的实效性——基于湖北省10所高校的实证研究 [J]. 湖北社会科学, 2014 (03), 189-193.

63. 李路路, 范文. "保守的世俗主义"——当代中国人的职业（工作）价值观 [J]. 江苏社会科学, 2014 (06), 1-13.

64. 岳海洋, 盖钧超, 周全华. 基于需求层次理论的大学生职业价值观研究 [J]. 思想理论教育, 2014 (10), 85-89.

65. 李红霞, 范春艳, 许明. 大学生职业价值观与用人单位需求意愿的匹配状况研究——基于上海市部分高校及用人单位的调研 [J]. 思想理论教育, 2014 (12), 92-96.

66. 风笑天. 我国大学生就业研究的现状与问题——以30项重点经验研究为例 [J]. 南京大学学报（哲学·人文科学·社会科学版）, 2014 (01), 60-69+158.

67. 王景琳. 大学生就业取向的代际传承研究 [J]. 东北师大学报（哲学社会科学版）, 2014 (06), 217-221.

68. 温忠麟, 叶宝娟. 中介效应分析：方法和模型发展 [J]. 心理科学进展. 2014 (05), 731-745.

69. 刘芳. 马克思关于个人利益与集体利益关系的文本解读 [J]. 云南大学学报（社会科学版）, 2015 (03), 106-110+112.

70. 吴瑾菁. 罗国杰集体主义思想研究 [J]. 伦理学研究, 2015 (03), 8-15.

71. 马永庆. 对集体主义的再认识 [J]. 东南大学学报（哲学社会科学版），2015（05），42-47+128+154.

72. 胡咚，万美容. 当代大学生人生价值观教育创新三问 [J]. 思想理论教育，2015（06），56-59.

73. 李潇君. 美国社会科课程中的价值观教育 [J]. 思想教育研究，2015（06），58-61.

74. 杨业华，沈雅琼，许林青. 社会主义核心价值观之敬业探析 [J]. 思想理论教育导刊，2015（10），62-66.

75. 迟希新. 社会主义核心价值观教育面临理念提升和能力提升的双重任务 [J]. 人民教育，2015（10），24-26.

76. 马永庆. 集体主义话语权的重构 [J]. 道德与文明，2016（04），106-113.

77. 尉迟光斌，张政文. 论马克思劳动观及其对培育"敬业"核心价值观的启示 [J]. 理论月刊，2016（05），11-17.

78. 孙旭，杨永志. 社会主义敬业精神的传统、本质和中国特色 [J]. 重庆邮电大学学报（社会科学版），2016（06），8-12+24.

79. 王易，朱小娟. 罗国杰集体主义思想研究 [J]. 思想理论教育导刊，2016（12），40-47.

80. 肖霞，马永庆. 集体与个人间权利与义务的统一——集体主义的本质诉求 [J]. 道德与文明，2017（02），55-61.

81. 朱小娟. 从历史分析方法的角度把握集体主义 [J]. 思想理论教育，2017（07），31-37.

82. 陆国栋. "新工科"建设的五个突破与初步探索 [J]. 中国大学教学，2017（05），38-41.

83. 朱小娟. 论新时代集体主义研究的着力点 [J]. 教学与研究，2018

（11），94-100.

84. Jhony Choon Yeong Ng，朱霁月，谭清美．人际信任行为路径：青年群体方言情境化现象的经典扎根研究［J］．中国青年研究，2019（07），98-106.

85. 崔家新，池忠军．新中国成立以来集体主义价值观的演进历史与新时代发展［J］．思想理论教育，2019（11），59-64.

86. 骆郁廷．"小我"与"大我"：价值引领的根本问题［J］．马克思主义研究，2019（12），64-74+149.

87. 金德楠．何为"集体主义道德"—走出"虚假集体主义道德"与个人主义道德的理论遮蔽［J］．甘肃社会科学，2020（02），95-102.

88. 高晓成．论庄子世界观、价值观与人生观的内在逻辑［J］．暨南学报（哲学社会科学版），2020（12），12-24.

89. 石建勋，付德波，李海英．新时代高校课程思政建设重点是"三观"教育［J］．中国高等教育，2020（12），38-40.

90. 杨守建．零零后的自我认知与建构［J］．中国青年研究，2021（03），4.

91. 郭欣，王清亚．大学生就业价值观的生成机理与引导策略［J］．思想政治教育研究，2021（02），120-123.

92. 李旺．青年就业观的影响因素及应对策略［J］．人民论坛，2021（11），89-91.

93. 李艳飞．当代大学生人生观的现状分析与教育对策［J］．思想理论教育，2021（12），96-101.

94. 肖巍，覃愿愿．"00后"大学新生人生价值观现状与培育方向—基于北京市某高校"思想道德与法治"课程调研的分析［J］．社会主义核心价值观研究，2022（01），61-70.

95. 董世洪，胡顺顺，李明岳. 当代大学生的就业观及其教育引导——以浙江大学为例［J］. 浙江社会科学，2022（10），149-154+160.

96. 谢迪斌. 习近平新时代中国特色社会主义思想的世界观和方法论的实践导向［J］. 求索，2023（04），34-42.

97. 夏远生. 青年毛泽东的人生价值观［J］. 伦理学研究，2023（05），1-7.

98. 冯秀军，张沥元. 用科学世界观方法论引领教育强国建设［J］. 中国高等教育，2023（17），15-18.

99. 曾文婕，邝艺敏. 社会主义核心价值观教育进课程：目标转译、内容转化与实施转型［J］. 课程. 教材. 教法，2023（10），4-10.

100. 高夏丽. "00后"整顿职场？——新时代青年的职场生存实践及其形成机制［J］. 当代青年研究，2023（06），77-88.

101. 艾楚君，孙淑雅，马钰莹. 短视频对青年大学生价值观的影响及应对策略——基于10305名青年大学生的调查研究［J］. 中国青年研究，2023（11），90-96+30.

102. 谢毳宜. 新时代大学生网络空间价值共识凝聚的价值意蕴、风险挑战及应对策略［J］. 湖南社会科学，2023（06），144-153.

103. 蒙丹. 大学生理想观教育［D］. 电子科技大学博士学位论文，2007.

104. 贾旭东. 基于扎根理论的中国城市基层政府公共服务外包研究［D］. 兰州大学博士学位论文，2010.

105. 曾继平. 贫困大学生就业指导中的思想政治教育研究［D］. 西南大学博士学位论文，2012.

106. 李养民. 当代中国马克思主义大众化论域下的大学生价值观教育研究［D］. 陕西师范大学博士学位论文，2012.

107. 彭立春. 社会主义核心价值体系融入大学生职业生涯教育研究 [D]. 中南大学博士学位论文, 2012.

108. 刘西华. "90后"大学生理想信念与教育对策研究 [D]. 山东大学博士学位论文, 2013.

109. 钟秋明. 我国当代高校毕业生就业观研究 [D]. 湖南大学博士学位论文, 2015.

110. 郭晓冉. 当前我国大学生择业观教育研究 [D]. 电子科技大学博士学位论文, 2017.

111. 李健. 新时代大学生就业观培育优化研究 [D]. 东北师范大学博士学位论文, 2022.

五、外文专著及文献

1. Alejandro Portes. The Social Origins of the Cuban Enclave Economy of Miami. Sociology Prospect . 1987.

2. Strauss, A. &Corbin, J. Basics of Qualitative Research: Grounded Theory Procedures and Techniques. Newbury Park: Sage, 1990.

3. Coleman, Jame S. Social Capital in the Creation of Human Capital. American Journal of Sociology . 1994.

4. Bourdieu, Pierre. Le. Capital Social: Notes Provisoires. Actes de la Recherche en Sciences Socials . 1980 (3).

5. Bian Yanjie. Bringing Strong Ties Back In: Indirect Ties, Network Bridges, and Job Searches in China. American Sociological Review. 1997 (3).

6. Oudal'Tsova M. V, Volovskaya N. M, Pliusnina L. K, Four Facets of Employment: Values, Motivation, Income, Mobility, Sotsiologicheskie Issledovaniya, 2005 (1).

7. Alan Geare; Fiona Edgar; Ian McAndrew, Employment Relationships: Ideology and HRM Practice, The International Journal of Human Resource Management, 2006 (7).

8. Chukhl. A Factorial Validation of Work Value Structure: Second – order Confirmatory Factor Analysis and its Implications. Tourism Management, 2008, 29 (2).

9. Lyons S. T, Higgins C. A, Duxbury L. Work Values: Development of a New Three – dimensional Structure Basedon Confirmatory Smallest Space Analysis. Journal of Organizational Behavior, 2010, (3).

10. Jin Jing, Rounds J. Stability and Change in Work Values: a Meta – analysis of Longitudinal Studies. Journal of Vo – cational Behavior, 2012, 80 (2).

11. Xin Guo, Nuan Wen, Determination Index Studies on Employment Difficulties of College Students on Campus, Higher Education of Social Science, 2012, (3).

12. Thilakshi Kodagoda, Motherhood and Employment: Values and Practices. Perceptions of Women Professionals in Hospitals in Sri Lanka, nt. J. of Management and Enterprise Development, 2012 (6).

13. Ian Thomas, Matthias Barth, Teresa Day, Education for Sustainability, Graduate Capabilities, Professional Employment: How They All Connect, Australian Journal of Environmental Education, 2013 (1).

14. Cynthia Chin Tian Lee, Srinath Perera, Keith Hogg, An Analysis of Early Career Training Requirements for Quantity Surveying Profession als, International Journal of Strategic Property Management, 2013, 17 (2).

15. David J. Finch, Leah K. Hamilton, Riley Baldwin, Mark Zehner, "An

Exploratory Study of Factors Affecting Undergraduate Employability" Education + Training, 2013 (7) .

16. To Siuming; Tam Haulin, Work Values, Perceived Job Rewards and Life Outcomes of the New Generation of Chinese Migrant Labourers' in Guangzhou, China: Implications for Social Work Practice, British Journal of Social Work, 2014 (6) .

17. Chinese Students Flock to U. S. Exams to Chase College Dreams, Reuters, Thu Nov7, 2013.

18. Menon, M. Pendakur, R. Perali, F. All in the Family: How Do Social Capital and Material Wellbeing Affect Relational Wellbeing? Social Indicators Research, 2015 (3) .

19. Shui-wai Wong; Mantak Yuen, Super's Work Values Inventory: Issues of Subtest Internal Consistency Using a Sample of Chinese University Students in Hong Kong, Journal of Employment Counseling, 2015 (3) .

20. Monica Kirkpatrick Johnson, Jeylan T. Mortimer, Reinforcement or Compensation? The Effects of Parents' Work and Financial Conditions on Adolescents' Work Values During the Great Recession, Journal of Vocational Behavior, 2015 (4) .

21. Emmanouil F. Papavasileiou; Sean T. Lyons, A Comparative Analysis of the Work Values of Greece's 'Millennial' Generation, The International Journal of Human Resource Management, 2015 (9) .

22. J. M. Lakin, Sex Differences in Occupational Values and the Value Affordances of Career Fields: Interactions that Impact Pursuing an Engineering Degree, Personality and Individual Differences, 2016 (11) .

23. Thomas J. Smith; Cynthia Campbell, The Structure of O * NET Occupa-

tional Values, Journal of Career Assessment, 2016 (11).

24. Richard M. Simon; Ashley Wagner; Brooke Killion, Gender and Choosing a STEM Major in College: Femininity, Masculinity, Chilly Climate, and Occupational Values, Journal of Research in Science Teaching, 2017 (3).

25. Arza, V. Carattoli, M. Personal Ties in University—Industry Linkages: A Case —Study From Argentina. Journal of Technology Transfer, 2017 (4).

26. Ingonkim, Causal Relationships Between Specialized High School Student's Future Employability, Occupational Values, Employment Preparation Behavior, and the National Competency Standard Curricula, Journal of Vocational Education & Training, 2018 (7).

27. Xueyong Chi; Shujia Cheng; Jinling Wang, Analysis of Cultivation of Students' Occupational Values in Colleges and Universities, Journal of Simulation, 2018 (8).

28. Clemens M. Lechner; Florencia M. Sortheix; Martin Obschonka; Katariina Salmela—Aro, What Drives Future Business leaders? How Work Values and Gender Shape Young Adults' Entrepreneurial and Leadership Aspirations, Journal of Vocational Behavior, 2018 (8).

29. Richard M. Simon; Kathleen Nene, The Gender Gap in Physical and Life Sciences: Masculinity, Femininity, Occupational Values, and Chilly Climate, Sociological Spectrum, 2018 (9).

30. Kang Su Gyeong; Kim Da Hye; Kim Sun Hyuk; Noh Si Hong; Sin Min Gyou; Shin Hue In; Yun Huo Jenog; Lim Dong Wook; Oh Myung Hwa, The Effect of Major—related Voluntary Services on Community Spirit and Occupational Values of University Students, Journal of the Korea Entertainment Industry Association, 2019 (1).

31. Lee Jungmin; Baek Seunghiey; Jeon Hyeonjeong; Chung Hyewon, A Study on Determinants of University Graduates' First Job Acquisition and Occupational Values and the Difference of Life Satisfaction: Using Discrete-time Survival Mixture Analysis, Asian Journal of Education, 2019 (9).

32. Qiwen Wang, A Study on The Employment Values of College Physical Education Students, International Journal of Social Sciences in Universities, 2020 (3).

附录 1

"三观"视域下大学生就业价值观质性访谈提纲

（1）请谈谈你毕业后的工作经历，在这些求职经历过程中的感受。

（2）请谈谈你在工作中最看重什么？

（3）你认为你在就业中什么在影响着你的选择和观念？是如何影响的？

（4）学校教育中思政课、就业指导类课程对你就业有影响吗？

（5）听说过"三支一扶""大学生村官"等政策吗？

附录 2

"三观"视域下大学生就业价值观研究调查问卷

第一部分：个人基本情况，选择符合您的一项打"√"

A1. 您的性别：①男　②女

A2. 您的年级：①一年级　②二年级　③三年级　④四年级　⑤五年级

　　　　　　　⑥硕士研究生　⑦博士研究生

A3. 您的学校类型：①大学　②专门学院　③高等职业技术学院

　　　　　　　　　④高等专科学校

A4. 您的专业属于：①哲学　②经济学　③法学　④教育学　⑤文学

　　　　　　　　　⑥历史学　⑦理学　⑧工学　⑨农学　⑩医学

　　　　　　　　　⑪军事学　⑫管理学　⑬艺术学

A5. 您的民族：①汉族　②少数民族

A6. 您的家庭所在地：①大城市（省会城市及以上）　②中等城市（省

　　　　　　　　　　内其他地级市）　③小城市（县或县级市）

　　　　　　　　　　④乡镇　⑤农村

A7. 您的家庭经济条件：①困难　②一般困难　③不困难　④较好

　　　　　　　　　　　⑤非常好

A8. 您是否独生子女：①是　②否

A9. 您父亲的文化程度：①小学及以下　②初中　③高中（职高、中专）

　　　　④大学（大专）　⑤研究生及以上

A10. 您母亲的文化程度：①小学及以下　②初中　③高中（职高、中专）　④大学（大专）　⑤研究生及以上

第二部分：请您根据实际情况，在问题所列之选项中，选择符合您的一项打"√"

	非常符合⑤	比较符合④	中立③	比较不符合②	非常不符合①
B1 人应该有自己的理想，不断追求					
B2 认为人生没有必要有目标，走一步看一步					
B3 从未考虑过为了集体利益牺牲个人利益					
B4 人应该有自己的价值和意义					
B5 我认为考虑所有事都应该先从个人出发					
B6 认为人无远虑必有近忧					
B7 今朝有酒今朝醉，要趁年轻多享受					
B8 今天只考虑今天的事，明天的事明天再说					
B9 我想做焦裕禄、孔繁森那样的人					
B10 认为人生的计划不如变化					
B11 个人利益应该与民族、国家的利益相结合					
B12 人生最重要是生活舒服、安逸					

	非常符合⑤	比较符合④	中立③	比较不符合②	非常不符合①
B13 万事万物都是不变的，没必要想太多					
B14 人活着应该奋斗终生					
B15 人都是自私的，每个人都只是为自己活着					
B16 认为人生应该有远大的目标					
B17 人生应该是忙碌、充实的					
B18 个人利益不应让位于民族、国家的利益					
B19 认为人生应该有规划					
B20 人生应该对他人有帮助、对社会有意义					
B21 人生苦短，应该及时行乐					
B22 万事万物都在发展，要用发展的眼光看待人生					
B23 人生最重要的是追求个人的物质生活享受					
B24 为了集体利益，必要时可以牺牲个人利益					

第三部分：请您根据实际情况，在问题所列之选项中，选择符合您的一项打"√"

	非常符合⑤	比较符合④	中立③	比较不符合②	非常不符合①
C1 工作有成就感是我选择工作时看重的					

续表

	非常符合⑤	比较符合④	中立③	比较不符合②	非常不符合①
C2 对工作有兴趣是我选择工作时看重的					
C3 轻松、稳定是我选择工作时看重的					
C4 感觉工作经常有新意是我选择工作时看重的					
C5 公司知名度是我选择工作时看重的					
C6 专业对口是我选择工作时看重的					
C7 工作让我不断成长是我选择工作时看重的					
C8 对他人有帮助、对社会有意义是我选择工作时看重的					
C9 能够有所发展是我选择工作时看重的					
C10 工作自由是我选择工作时看重的					
C11 人际关系是我选择工作时看重的					
C12 薪酬、待遇是我选择工作时看重的					
C13 工作环境是我选择工作时看重的					

第四部分：请您根据实际情况，在问题所列之选项中，选择符合您的一项打"√"

	非常符合⑤	比较符合④	中立③	比较不符合②	非常不符合①
D1 媒体网络容易影响我					
D2 老师容易影响我					
D3 杰出人物容易影响我					
D4 亲戚和父母朋友容易影响我					
D5 现在生活容易影响我					
D6 书报杂志容易影响我					
D7 社会变化容易影响我					
D8 人生意外容易影响我					
D9 家庭背景容易影响我					
D10 学校氛围环境容易影响我					
D11 人生经历容易影响我					
D12 父母容易影响我					
D13 同学朋友容易影响我